INANNA

EIN WEIBLICHER EINWEIHUNGSWEG

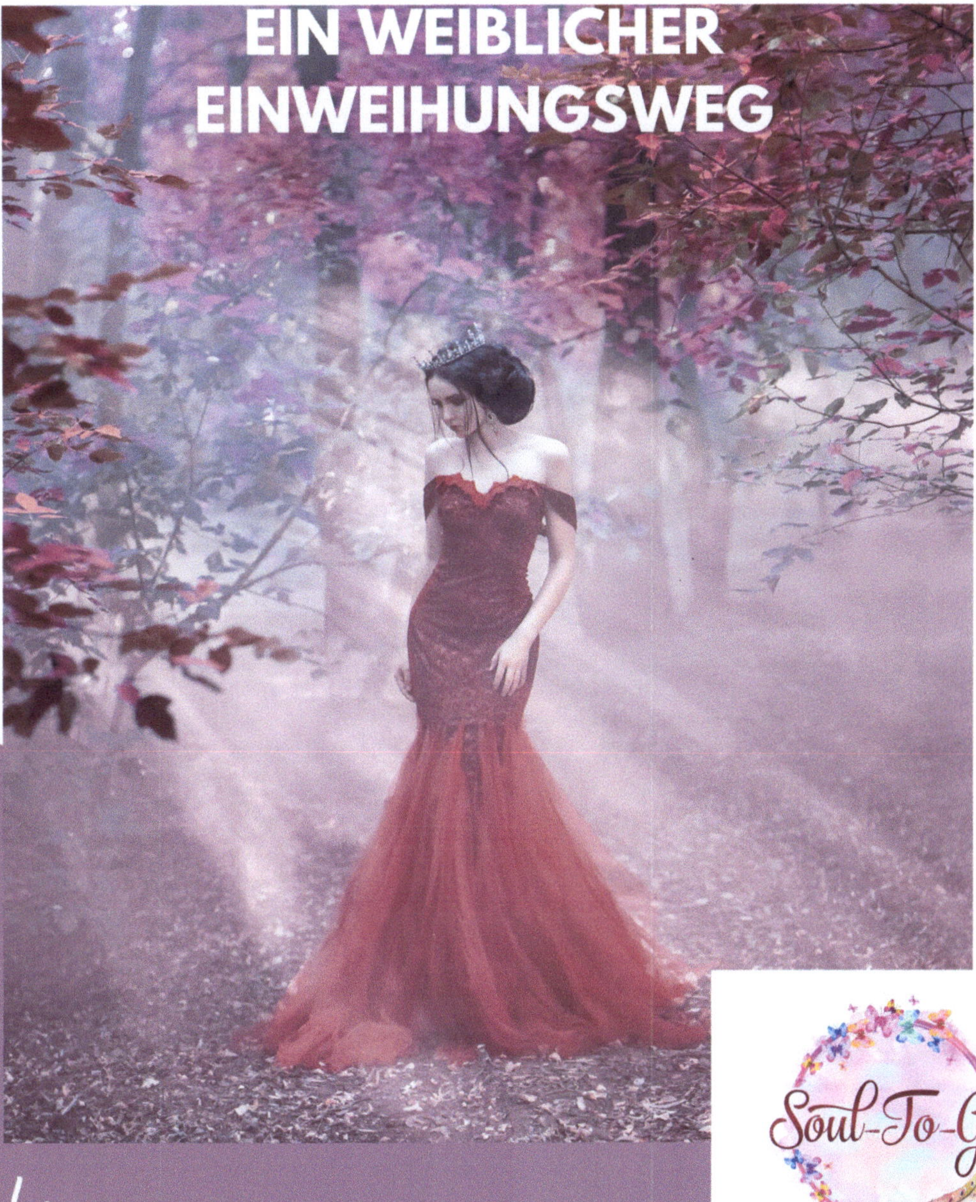

by
Jennifer Weidmann

Band 2

INANNA
EIN
WEIBLICHER
EINWEIHUNGS-
WEG

SOUL-TO-GO
EDITION
SEELEN-ENTFALTUNG

IMPRESSUM

Jennifer Weidmann
Winderatt 4
24966 Sörup
Deutschland
jennifer@urvertrauen.de

BILDNACHWEIS

sämtliche Bilder und Fotos wurden
freundlicherweise gemeinfrei von den
Bilderplattformen pixabay und canva zur
Verfügung gestellt

ERSTVERÖFFENTLICHUNG

August 2021

HINWEIS

Achtung: die Arbeit mit diesem Buch
ersetzt keine Behandlung beim Arzt oder
ausgebildeten Psychotherapeuten. Alle
Übungen übernimmt der
Leser/Kursteilnehmer auf eigene
Verantwortung. Es wird keine Haftung
übernommen

WWW. URVERTRAUEN-
AKADEMIE.DE

Dein Reich für Seelen-Entwicklung und Seelen-
Entfaltung

SOUL-TO-GO

INANNA

SEELEN ARBEITSBUCH

LEKTORAT

Gabriele Röben

COVER DESIGN

Oliver Weidmann

LOGO SOUL-TO-GO DESIGN

Stevan Zivkovic

HERSTELLUNG UND VERLAG

BoD - Books on Demand, Norderstedt

BIBLIOGRAFISCHE INFORMATIONEN DER DEUTSCHEN NATIONALBIBLIOTHEK

Die Deutsche Nationalbibliothek verzeichnet diese Publikation in der Deutschen Nationalbibliografie; detaillierte bibliografische Daten sind im Internet über http://dnb.dnb.de abrufbar.

ISBN

9783751944274

URVERTRAUEN-AKADEMIE

Dein Reich für Seelen-Entwicklung und Seelen-Entfaltung
www.urvertrauen-akademie.de

Soul-To-Go

FüR

CREATIVE ART PAGE

Mach deine Einweihungsreise noch nachhaltiger mit dem

Online Kurs:
Inanna - dein weiblicher Einweihungsweg

www.urvertrauen-akademie.de

- zu jedem der sieben Tore gibt es:
- eine geführte Traumreise
- ein Einführungsvideo
- und vieles mehr

Mehr Infos unter
www.urvertrauen-akademie.de
Deine Welt der Seelen-Entfaltung

WILLKOMMEN

zu meiner Soulworkbook-Reihe
"Soul-to-go".

Ich habe die Reihe "Soul-to-go" geschaffen, um einzelne
Seelenthemen so kompakt und bereichernd wie möglich für
dich darzustellen.
Es ist ein Seelen-Arbeits- und Erfahrungsbuch.
Ein wertvoller Begleiter voller Inspirationen und Impulse für
dich, dein Leben, deinen Lebensweg und deine Schöpfung
der Realität.
Mögen diese Büchlein für dich segensreich sein.
Ich wünsche dir von Herzen ein großartiges und erfülltes
Leben.
Am Ende dieses Buches stelle ich dir das passende Seelen
Spray zum Themengebiet vor. Vielleicht hast du ja Lust, es dir
als Begleiter für dieses Seelenbuch zu gönnen.
Des Weiteren erweitern wir die Reihe "Soul-to-go" ständig.
Mehr Infos über diese außergewöhnliche Seelen-Reihe
erhältst du auf der Webseite
www.urvertrauen.de

Alles Liebe, deine

JENNIFER WEIDMANN
Seelen-Begleiterin

DAS BUCH

Dieses Buch ist mehr als
nur ein reines Lesebuch.
Ich lade dich ein, es dir
zu Eigen zu machen.
Schreibe rein, gestalte
die "creative art pages"
nach deinen künst-
lerischen Impulsen. Male,
bastle, schreibe ein
Gedicht oder eine
Geschichte hinein. Es
gibt viele Möglichkeiten,
deiner Seele Raum des
Ausdruckes zu
verschaffen. Probiere
dich aus.

DEIN SEIN

In den Soul-to-go
Büchern bist du
eingeladen, dich auf die
Reise zu dir selbst zu
begeben. Erlaube dir
dafür Raum und Zeit.
Tauche ein in deine
ureigene Seelenweisheit.
Es gibt dort viel zu
entdecken

DANKE

Ich danke dir, dass du
dich auf den Weg der
Seelen-Entfaltung
machst. Möge dein Licht
hell erstrahlen und die
Welt wandeln.

BEI FRAGEN

**KONTAKTIERE
MICH**
jennifer@urvertrauen.de

Wer bist du?

INANNA
DEINE WEIBLICHE EINWEIHUNG

Du stehst jetzt am Anfang einer außergewöhnlichen Reise. Es wird eine Reise zu dir selbst sein. In der Verbindung zu Inanna gehen wir einen weiblichen Einweihungsweg.

Schon viele Einweihungswege wurden übermittelt. Der von Buddha, von Jesus, von Celestine und noch vielen mehr. Was haben sie gemeinsam? Sie sind männliche Einweihungswege. Von Männern beschritten, von Männern übermittelt.

Verstehe mich nicht falsch. Ich liebe die männliche Energie und ich liebe es auch, mich von den männlichen Einweihungswegen inspirieren zu lassen. Aber der weibliche Einweihungsweg ist anders. So viel anders.

Um in unsere wahre weibliche ureigene Energie zu finden, ist essentiell wichtig, dass ich irgendwann auf meiner Erleuchtungsreise die männlichen Einweihungswege hinter mir lasse und mich dem weiblichen, dunklen, tiefen, magischen Pfad hingebe.

Indem du dich für dieses Buch und vielleicht auch für meinen Online Kurs "Inanna" entschieden hast, zeigst du deine Bereitschaft, dich deinem wahren Sein zu stellen und es zu ergreifen.

Alle Rollen, alle Masken dürfen nun durchschaut werden. Dürfen weise zurückgelassen, mitgenommen und benutzt werden.

Die weibliche Einweihung gehört zu dir. Es ist wie nach Hause- und Ankommen. Die Suche hat ein Ende und das Finden hat begonnen.

Je mehr Frauen in ihre ureigene weibliche Kraft kommen, desto stärker wird sich die Welt zum Positiven wandeln.

DER VERGESSENE WEG DER WEIBLICHKEIT

Einst war das weibliche Bewusstsein stark und präsent. Es wurde gelehrt und weitergegeben von Frau zu Mädchen, von Alt zu Jung. Es wurde vorgelebt, geteilt und gefeiert.

Doch eine Jahrtausende anhaltende männlich dominierte Herrschaft hat diese urweibliche Tradition klein gemacht und ins Vergessen getrieben. Die Zeiten der Inquisition, die Macht und die Weltansicht der katholischen Kirche über Frauen haben dem urweiblichen Sein den Todesstoß versetzt. Wir haben uns angepasst und in den Schatten gestellt, um zu überleben.

Doch tief in uns drin schlummert dieses uralte Wissen und wartet nur darauf, aufs Neue ergriffen, gelebt und gefeiert zu werden.

Frauen, die anfangen, einen spirituellen Weg zu gehen, orientieren sich oft zuerst an männlichen spirituellen Lehrern, versuchen deren Weg der Einweihung zu gehen und das klappt eine Zeit lang auch recht gut.

Sind doch viele spirituelle Wahrheiten universell, männlich und weiblich zugleich und im Ausgleich.

Doch irgendwann stellt sich bei den meisten Frauen eine Leere ein. So viel haben sie gelernt, durchdacht, durchfühlt und doch fühlen sich immer noch auf der Suche, immer noch verloren.

Das liegt daran, weil es eine Weisheit über die Urweiblichkeit gibt, die Männer uns nicht lehren können.

Es ist ein Ort in uns, ein Schloss, welches nur die weibliche Energie öffnen und zum Leben erwecken kann.

Hier findest du zurück in deine urweibliche Kraft, die unfassbar stark ist, unfassbar zart, unfassbar schön und wundervoll und die dem männlichen Sein eine unfassbare Angst einjagen kann.

Wenn wir uns unsere Urenergie zurückholen, sind wir geladen, sehr achtsam damit umzugehen.

Denn letztendlich geht es darum, das Männliche und das Weibliche in uns und im Außen in die Balance zu führen.

Es gibt kein besser oder schlechter sein. Beides ist und beides ist im erwachten Zustand wundervoll bereichernd.

MEINE ZEIT IST GEKOMMEN ENDLICH ICH ZU SEIN

DIE ZEIT IST GEKOMMEN DEN SCHATTEN ZU ERLEUCHTEN UND URALTES WISSEN ZU HEBEN

Mit Inanna begeben wir uns auf den weiblichen spirituellen Einweihungsweg, der alles durchdringt, alles erfüllt und zum Leben erwecken kann.

Du hast jetzt dieses Buch vor dir, und vielleicht auch meinen Kurs, doch dies ist nur der Anfang dieser außergewöhnlichen, wundervollen Reise.

Wenn du einmal das Tor zu dieser magischen Welt aufgestoßen hast, gibt es immer tiefere Schichten zu entdecken, immer noch eine Wunde liebevoll anzunehmen, immer noch einen Aspekt, der erleuchtet werden möchte.

Mit jedem Schritt, den du auf diesem Weg gehst, kommst du bei dir selbst an. Findest Heimat in dir selbst, öffnest dich für deinen Lebens- und Seelenplan.

Das Urweibliche ist die andauernde Wandlung, das Fließen, das Intuitive, das Weiche, das Dunkle, das Starke (ja, Weiblichkeit ist unfassbar stark, jenseits von Muskelkraft), das Verbindende und das Nährende und noch so viel mehr.

Wenn du dich auf Inanna und ihren Weg einlässt, wird sich deine Welt wandeln. Du entscheidest immer, wie tief du gehen möchtest. Was du wandeln möchtest, was du loslassen und was du behalten möchtest. Der Weg kann in einigen Abschnitten Angst machen. Angst vor dem, was einst war. Angst vor den Erkennntissen im Hier und Jetzt und auch Angst vor dem Zukünftigen.

Das ist völlig normal. Du darfst Angst haben und du bist stark genug, diese Angst zu meistern - denn deine Urweiblichkeit ruft dich, sie zu ergreifen und zu leben.

DIE GESCHICHTE

VON INANNA

Inanna ist die Königin des Himmelsreiches. Sie lebt in einem Luftschloss und ihr Kopf ist immer in und über den Wolken. Sie hat die Verbindung zur Erde, zum Dunklen, verloren. Sie hat kein Fundament, alles schwebt und jeden Moment könnte man in die Tiefe fallen.

Jeden Tag legt sie ihre volle Montur an, aus Gewohnheit. So hat man es ihr beigebracht. So macht MAN es und sie hat dies ohne zu fragen übernommen.

Sie denkt diese Montur sei sie und repräsentiere ihre Herrschaftlichkeit. Es ist äußere Fassade.

Jeden Tag setzt sie daher ihre **Himmelskrone** auf, legt ihr **Stirnband** um und ergreift den **Messstock**. Sie legt einen **Brustpanzer** aus Gold an, darüber wird eine prächtige **Lapislazulikette** gelegt und schmückt ihre Arme mit wundervollem goldenen **Geschmeide** und ihre Finger mit

den schönsten **Ringen**. Sie legt den **goldenen Gürtel** über ihre **prachtvollen Gewänder**. Jeden einzelnen Tag steht sie in voller Staffur in ihrem Schloss und blickt in die Wolken.

Doch eines Tages fühlt sie, auch wenn sie es nicht wirklich benennen kann, ein tiefes Sehnen nach ihrer Schwester Ereschkidal, die einst das Luftschloss verlassen hat, um in der Unterwelt, im Reich der Schatten, ihre Herrschaft aufzunehmen. Ein Schritt, den Inanna nie wirklich verstanden hat. Wie kann man das Licht eintauschen gegen die Dunkelheit? Wie kann man das Luftschloss verlassen für die Erde? Warum hat Ereschkidal das getan?

Inanna fühlt sich bewegt, ihre Neugierde zu befriedigen.

Sie legt ihre volle Montur an und beschließt, ihrer Schwester ungeladen einen Besuch in der Unterwelt abzustatten.

Doch diese Reise wird anders, als Inanna es sich vorstellen konnte.

DU BIST INANNA

Auf unserer jetzigen gemeinsamen Reise werden wir selbst zu Inanna. Voll herausgeputzt verlassen wir unser Luftschloss und steigen hinab auf die Erde, in die Wirklichkeit, um Ereschkidal unsere Schwester der Dunkelheit zu besuchen.

Inanna ist kein Prozess, den man mal so eben durchdonnert. Es ist kein Workshop, der uns in zwei Tagen Erleuchtung und Meisterschaft verspricht. Der Weg ist kein oberflächlicher Tand und er ist steinig. Er ist lang und entpuppt sich letztendlich als der Weg unseres Lebens.

Mit Inanna betreten wir das Reich der Wahrhaftigkeit und das passiert jedoch nur, wenn wir bereit sind, uns endlich wahrhaftig einzulassen. Wenn wir bereit sind, in den Spiegel zu schauen, um dort das Schöne zu finden, aber auch das Häßliche anzuerkennen.

Mit Inanna ist das Spiel der Prinzessin vorbei. Es wird kein Prinz mehr kommen, um uns zu retten.

Nur Inanna selbst kann durch die 7 Tore der Einweihung schreiten. Sprich, nur du selbst kannst diesen Weg gehen. Erleuchtung, Einweihung, Erwachen kann dir keiner abnehmen. Von nun an stehst du in der Verantwortung für dich selbst und dein Leben.

Häufig höre ich dann Dinge, wie "Ja, ja, das weiß ich schon alles!" - "Das kann ich schon alles!" usw. und zeitgleich sind es Frauen, die kein Geld haben, die abhängig sind von ihrem Partner, die ihre Berufung nicht leben, die insgesamt mit dem Leben kämpfen und sagen, sie seien froh, wenn dieses Leben endlich vorbei sei.

Sie sind immer noch Inanna im Luftschloss. Das ist auch völlig legitim. Du entscheidest ja selbst wie weit du gehen möchtest.

Hier ist Ereschkidal, die Schwester und Herrscherin der Unterwelt, der leuchtende Stern. Sie hat einst das Luftschloss verlassen und sie ist nie wieder zurückgekehrt.Weil ihre Zeit zu kostbar ist, um sie mit Oberflächlichkeit, mit Ausreden, mit Hochmut, mit Lügen, Neid, Spinnereien und Tand zu vergeuden.

Ein Einweihungsweg ist IMMER etwas Besonderes. Und es gibt hier kein "ein bisschen", so wie wir auch

GANZ ODER GAR NICHT- DAS IST HIER DIE FRAGE

PRINZESSIN ODER WAHRHAFTE KÖNIGIN - DU ENTSCHEIDEST!

nicht ein "bisschen schwanger" sein können.

Auf dem wahren Einweihungsweg gibt es nur ein "ganz oder gar nicht". So einfach und doch so umwälzend. Hier liegt auch die wahre Bedeutung von "der Weg ist das Ziel" verborgen.

Wir gehen durch unser Leben und wir entscheiden in jedem Augenblick und mit jedem Schritt, welchen Weg wir beschreiten wollen.

Inanna und ihre Auseinandersetzung mit Ereschkidal bringt eine fundamentale Tiefe in unser Leben und in unser eigenes Sein.

Wir stellen uns selbst auf den Prüfstand. Hinterfragen unser Sein und das Leben, welches wir daraus erschaffen haben.

So viel Großartiges gibt es noch für uns zu entdecken. So viele Möglichkeiten, die wir noch gar nicht ausprobiert haben, und in jedem liegt das Geschenk, uns noch ein bisschen mehr zu erleuchten.

Aus der vorherigen Leere wird Tiefe. Aus der Luftschloss-Königin wird eine wahre Herrscherin.

Inanna transformiert und wird als Ishtar neu geboren. Keine Spielchen mehr, sondern nur noch weibliche Schöpfermacht in jedem Augenblick.

Nach der Transformation entdecken wir unser eigenes Leben neu, wieder und wieder. So viele Aspekte, die ergriffen und erfüllt werden möchten.

Auf einmal wird Lebenszeit kostbar und nicht einfach nur Zeit, die möglichst schnell verrinnen soll.

Als transformierte Inanna beginnt das wahre weibliche Leben.

Und nun geht es auf eine großartige Reise.

INANNA
ÜBUNG 1

Solltest du den Online Kurs machen, dann höre jetzt die erste Traumreise

Atme tief ein und aus - schließ deine Augen und stell dir nun vor, wie du Inanna bist. Du stehst in deinem Zimmer im Luftschloss und schaust hinaus auf die Wolken.

Zofen kommen und fangen an, dich anzuziehen.

Zuerst legen sie dir deine prächtigen Gewänder an und legen dir den prächtigen goldenen Gürtel um.

Um deinen Arm wickeln sie viele glänzende Armreifen und an jeden deiner Finger stecken sie mindestens einen Ring.

Sie legen dir deinen goldenen Brustpanzer an und darüber deine prächtige Lapislazulikette.

Du bekommst dein Stirnband umgelegt und den Messstock in die Hand gedrückt.

Zu guter Letzt bekommst du deine prächtige Krone aufgesetzt.

Nun bist du Inanna - die herausgeputzte Köngin der Luft.

Stell dich nun innerlich vor einen Spiegel und betrachte dich.

Spüre in dich hinein, wie fühlt es sich an, all diese Sachen anzuhaben und hier im Luftschloss zu stehen?

Wenn du soweit bist, öffnest du wieder deine Augen und nimmst dir die Zeit, die Fragen auf den folgenden Seite zu beantworten. Schreib deine Antworten auf. Sie haben dann tatsächlich mehr Gewicht. Im Ausformulieren wird uns vieles noch intensiver klarer, als wenn wir es nur denken.

FRAGEN ZUM INANNA SEIN

**ACHTUNG: VERSUCHE SO FREI UND OHNE BEWERTUNG IN DAS GEFÜHL ZU GEHEN. ES DARF SICH RICHTIG GUT ANFÜHLEN, INANNA ZU SEIN. AUCH WENN DU SCHON AHNST, DASS DU NACH UND NACH ALL DIESE ATTRIBUTE WIRST ABLEGEN MÜSSEN, SO DARF ES SICH DOCH GUT ANFÜHLEN, DIESE ATTRIBUTE ZU TRAGEN, ZU HABEN, ZU BESITZEN. ES GEHT HIER UM KEIN „SCHLECHT-MACHEN" ODER „HERABWERTEN". ES GEHT, EINFACH UM EIN HINEINFÜHLEN, EIN SPÜREN, WIE ES SICH ANFÜHLT, ALL DIESE PRACHTVOLLEN DINGE ZU TRAGEN UND IM LUFTSCHLOSS ZU LEBEN.
VERSUCHE BEIM BEANTWORTEN DER FRAGEN SO EHRLICH WIE MÖGLICH ZU SEIN.**

Wie fühlt es sich an, im Luftschloss zu sein?

Wie fühlt es sich an, von Zofen bedient zu werden?

Wie fühlt es sich an, keine Verbindung zur Erde zu haben?

FORTSETZUNG FRAGEN ZUM INANNA SEIN

Wie fühlt es sich an, die prachtvollen Gewänder zu tragen?

Wie fühlt es sich an, den goldenen Gürtel um die Hüften zu tragen?

Wie fühlen sich die Armreife und Ringe an?

Wie fühlt sich der goldene Brustpanzer an?

FORTSETZUNG FRAGEN
ZUM INANNA SEIN

Wie fühlt sich die Kette um deinen Hals an?

Wie fühlt es sich an, das Stirnband zu tragen und den Messstock in der Hand zu halten?

Wie fühlt es sich an, die Himmelskrone zu tragen?

Wie fühlt es sich an, Inanna zu sein?

INANNA
ÜBUNG 2

Du hast jetzt intensiv nachgefühlt, wie es sich derzeit für
dich anfühlt, Inanna zu sein - die Königin des
Luftschlosses.
Nun lade ich dich ein, dich mit deiner kreativen Seite zu
verbinden und dieses Inanna-Sein auch
künstlerisch auszudrücken.
Vielleicht magst du ein Gedicht darüber schreiben.
Vielleicht magst du ein Bild oder ein mixed media Art
Picture
erschaffen?
Vielleicht magst du dich als Inanna verkleiden und ein
Foto davon machen?
Vielleicht magst du ein Lied singen oder spielen
oder einen Prinzessinnen-Film schauen.
Alles ist möglich, deiner Kreativität sind hier keine
Grenzen gesetzt.
Sei heute Inanna - voll ausstaffiert als Luftschloss-
Königin.
Fühl dich selbst. Wie geht es dir damit?
Was ist toll? Und was vielleicht weniger toll?
Und nicht vergessen: Ein Einweihungsweg darf auch
Spaß machen. Also mach das Beste daraus, jetzt Inanna
zu sein

MEIN INANNA SEIN

Tor 1
Demut

TOR 1

HOCHMUT VS DEMUT

Schon gleich beim ersten Tor wird Inanna erkennen müssen, dass sie nicht einfach so hereinspazieren kann in die Unterwelt, wie sie es sich zu Beginn ihrer Reise gedacht hatte. Ihre Schwester, noch ungesehen, gibt durch ihre Wächter Inanna eindeutig zu verstehen, dass sie hier in der Unterwelt nicht die Königin ist, nicht die Herrscherin, die mal eben so vorbeikommt, hochmütig, geschützt und versteckt hinter all dem Himmelsprunk, den sie an sich trägt. Vergiss nicht: Die Inanna-Reise ist eine symbolische Transformationsreise. Wir gehen hier nicht eben mal durch, legen rechts und links ein „kleines" Attribut ab und schon sind wir frei in unserer Weiblichkeit. Wir werden von Ereschkidal aufgefordert, uns selbst ehrlich gegenüber zu treten. Wir betreten die Unterwelt und wir werden unseren eigenen Schatten begegnen.

Jetzt bekommen wir die Gelegenheit zur Wandlung. Von einer „aufgesetzten" Luft-schloss-Königin zur wahren Himmelskönigin, die von innen heraus strahlt, geht dieser Transformationsweg. Wie tief du einsteigst, das bleibt dir überlassen. Wie viel du erkennen möchtest, das bleibt dir überlassen. Wie sehr du dich weiter belügen möchtest, das bleibt dir selbst überlassen. Du bist frei.

Nicht alle Tore werden gleich intensiv oder erkenntnisreich sein. Einige werden Schleusen öffnen, andere werden vielleicht bedeutungslos sein. Wir gehen daher den Inanna-Weg wieder und wieder, bis wir bereit sind, uns dem Weg völlig hinzugeben, mit dem sehn-suchtsvollen Wunsch, endlich wieder ganz Frau sein zu können. Wild und ungezähmt, frei und ungebunden, kraftvoll, machtvoll, selbstbestimmend und wunderschön.

DEMUT

Im ersten Tor begegnet uns ein Themenaspekt, mit dem viele Frauen - und auch Männer- zu kämpfen haben. Es geht hier um Demut.

Doch häufig wird Demut falsch gedeutet und verwechselt mit Demütigung. Dass wir Frauen genug haben von Demütigungen und allen Aspekten, die dazu gehören, ist nach vielen tausend Jahren des Missbrauchs mehr als verständlich.

Doch die Reise und der Transformationsprozess der Inanna würde uns niemals einen Schaden zufügen. Dieser Weg, und jeder ehrliche Einweihungsweg, ist generell so angelegt, dass es darum geht, sich selbst von innen her zu erkennen und somit zu erleuchten. Er befreit, er fesselt niemals. Er erhebt und erniedrigt nicht.

Doch zu oft hat auch Demut durch die Macht der Kirche einen faden Beigeschmack. Wir mussten uns beugen unter einem Gott, einem männlichen Gott, der unsere Verbundenheit mit Gaia trennte und

einer Lehre, die behauptet, das Weibliche an sich trage die Ur-Sünde per se in sich, weil wir schon damals im Eden nach Erkenntnis und Erleuchtung strebten.

Die Zeit der falschen Demut gegenüber Mächten, die das Weibliche demütigen und abschätzend bewerten, ist auf dem Inanna Weg vorbei.

Alles was uns und unser Sein als weibliches Wesen erniedrigt wird auf diesem Weg über kurz oder lang gehen und/oder verbrannt werden.

Unsere innere Größe ist unaufhaltsam, sobald wir erkannt haben, was wahrhafte Demut vor der Schöpfung bedeutet. Wenn Demut uns durchdringt, werden wir eins mit dem Universum. Doch dieser Prozess kann zwar von außen angeschoben werden, aber muss letztendlich aus dem Inneren heraus entstehen.

Demut bedeutet auch zu erkennen, dass wir immer Schülerin sind auf unserem Weg, gleichgültig wie meisterhaft wir bereits sind.

Dass wir immer noch etwas Neues erkennen und lernen dürfen, gleichgültig, wie viel wir schon wissen und verinnerlicht haben.

Wir lassen uns inspirieren vom Leben und dem Sein.

DEMUT IST DAS ANERKENNEN, DASS ES ETWAS GRÖSSERES GIBT ALS UNS SELBST

DU BIST EINE TOCHTER, EINE MUTTER, EINE WEISE, EINE SCHÜLERIN, EINE STARKE UND EINE SANFTE UND ALLES, WAS DU SEIN MÖCHTEST

Wir beugen uns dann nicht mehr vor einem männlich inzenierten Gott, der die Weiblichkeit und alles, was damit verbunden wird, ablehnt.

Wir sind keine Sünderin. Wir tragen keine Schuld. Wir sind machtvoll. Wir sind weiblich, aber um dahinzugelangen, ist der erste Schritt, dass wir anfangen, all den Pomp, all den faden Schein, nach und nach abzulegen. Wir fangen an, uns nur noch aus uns selbst heraus zu definieren und nicht wie andere meinen wie wir seien oder zu sein haben.

Wer wir sind und wer wir zukünftig sein wollen, das liegt ganz allein in unseren Händen.

Dieser Schritt ist nicht immer leicht. Bricht er doch mit alten männlichen Traditionen. Verlassen wir doch mit diesem Verhalten ein jahrhundertelang vermeintlich sicheres Versteck.

Wir fangen an, uns zu zeigen in all unserer weiblichen Pracht.

Wahre Demut ist niemals erniedrigend, sondern immer erhebend. Ist niemals ausnutzend, sondern immer bereichernd. Ist niemals verletzend, sondern immer liebevoll.

Demut macht dich frei in deinem kreativen Schöpfungsprozess. Und auch, wenn es sich jetzt für dich noch befremdlich anfühlt, lade ich dich ein, diesen Weg auszuprobieren und ihn kennen zu lernen.

In der Demut liegt die Kraft der wahren Meisterschaft und letztendlich der wahren Einweihung. Ohne Demut, keine Einweihung. So einfach und doch manchmal so schwer.

Dürfen wir hier doch wieder vertrauen lernen. In universelle Mächte und in unsere eigene Schöpfermacht.

Am ersten Tor, welches Inanna durchschreiten muss, damit sie in das Reich der Unterwelt gelangen kann, wird sie von den Wächtern dieses Tores aufgefordert, einen Tribut abzugeben: ihre prächtige, große Himmelskrone – Zeichen ihrer Herrschaft über das Schloss in den Wolken. Im Reich ihrer Schwester, welches Inanna nun betreten möchte, ist sie NICHT die Königin. Inanna ist eine Unwissende, was die Belange der Unterwelt angeht. Sie kennt sich mit den Wolken aus, aber nicht mit den Schatten, über die ihre Schwester herrscht. Inanna muss im ersten Tor anerkennen, dass sie nicht Meisterin über allem ist, sondern, dass auch sie eine Schülerin ist und in die Lehre gehen muss, wenn sie wahrhaft in der Unterwelt und bei ihrer Schwester ankommen möchte. Es gilt anzuerkennen, dass ihr Reich dort endet, wo das Reich ihrer Schwester anfängt, und dass sie in diesem ihr fremden Reich die Lernende ist, die Unwissende. Es steht ihr nicht an, in dieses fremde Reich ungebeten einzudringen und dort zu bestimmen oder sich dort als Herrscherin aufzuspielen.

Sie ist Königin in ihrem Reich, aber nicht in Ereschkidals Reich und mit Ereschkidal bekommt Inanna jemanden gegenübergestellt, der ihr das sofort, klar, ohne zu zögern, bestimmt und eindeutig auch übermittelt. Ereschkidal herrscht souverän und sicher über die Unterwelt und lässt sich, auch von ihrer Schwester aus dem Himmel, nicht hereinreden. Und genau das sind die beiden Themenfelder, mit denen wir uns im ersten Tor auseinander setzen dürfen. Auf den nachfolgenden Seiten findest du verschiedene Arbeitsblätter und ich lade dich ein, dir die Zeit zu nehmen, die Fragen dort ehrlich zu beantworten. Die Einzige, die du hier betrügen kannst, das bist du selbst.

MEISTER UND SCHÜLER SIND IMMER EINS

Geh so weit, wie du gehen kannst. Aber je ehrlicher du mit dir bist, desto mehr kannst du erreichen, desto mehr kannst du wandeln, desto mehr wird die „Ur-Weiblichkeit" dich durch-dringen können.

DIE BEIDEN THEMENFELDER DES ERSTEN TORES:

1. SCHÜLER/MEISTER

Wir sind alle im Leben sowohl Lehrende (Meister), als auch Schüler (Lernende). Doch häufig denken wir, wir wüssten schon alles, wir könnten schon alles, wir hätten alles verstanden und durchschaut. Hier hat der Hochmut von uns Besitz genommen. Am ersten Tor macht Ereschkidal deutlich, dass Inanna nicht die Meisterin der Unterwelt ist. Hier an diesem Tor endet ihr Wissen. Sie weiß sicherlich viel über Luftschlösser, aber wenig über die Schattenreiche, die sie nun betreten will.

2. DAS REICH DER ANDEREN!

Das ist das zweite Themenfeld, womit wir uns am ersten Tor auseinander setzen dürfen. Wenn wir ehrlich mit uns sind, ein jeder von uns hat doch sicherlich schon mal gedacht: „Ich weiß viel besser, was für den anderen richtig ist!" Wir geben ungefragt unsere Meinungen und Ansichten zum Besten und ja, auch über das Leben und die Pläne anderer Menschen. Doch im Grunde genommen gehen uns die Herrschaftsreiche anderer Menschen nicht das Geringste an. Wenn dich jemand um seine Meinung fragt gut, dann sprich ehrlich und offen. Aber wenn nicht, dann behalte sie bei dir. Ereschkidal hat Inanna nicht eingeladen. Sie hat Inanna nicht gefragt zu kommen und ihr in der Unterwelt zu helfen. Inanna kommt von sich aus und Ereschkidal macht klar, dass Inanna hier nicht die Königin ist, sondern sich einzureihen und unterzuordnen hat.

Das fällt vielen von uns schwer. Wir erzählen unseren Partnern, was sie machen sollen, wir erzählen unseren Eltern, was sie denken sollen und wie sie sich verhalten sollen, vergessend, dass sie es waren, die uns groß gezogen haben. Wir drücken hier unseren Mangel an Demut aus.

MIT MEINER WUNDERVOLLEN SCHÖPFUNG TRAGE ICH ZUM STRAHLEN DER WELT BEI

ICH HERRSCHE ÜBER MEIN REICH - DU HERRSCHST ÜBER DEIN REICH - GEMEINSAM ERSCHAFFEN WIR DIE WELT

Wir erzählen unseren erwachsenen Kindern, wie sie ihr Leben gestalten sollen, wie sie ihre Kinder erziehen sollen. Wir erzählen unseren Freunden, dass wir fühlen, dass der neue Partner nicht gut für sie ist, dass der Job nicht gut für sie ist usw. Wir mischen uns ein und das auch gerne ungefragt. Das ist nicht unbedingt das, was du jetzt lesen willst, oder? Aber Ereschkidal ist nicht bekannt dafür, dass sie sanft ist. Sie ist klar und ehrlich, sie ist aufrichtig (niemals gemein, fies oder von hinten herum). Sie macht die Grenzen klar. Das trauen sich aber häufig die Menschen in deinem Umfeld nicht. Sie sind vielleicht genervt davon, dass du ihnen erzählen möchtest, was sie tun und lassen sollen, aber sie sind nicht immer unbedingt ehrlich. Darum ergreife jetzt die Gelegenheit und sei ehrlich zu dir selbst. Stell dich den Fragen, so gut du es jetzt kannst. Und nicht vergessen: Es gibt nur eine, die du hier betrügen kannst: dich selbst.

Nun ist die Zeit gekommen, die Himmelskrone abzulegen, damit du eine wahre Königin am Ende des Weges sein kannst. Eine wahre Königin braucht kein äußeres, aufgesetztes Symbol. Ihre Macht strahlt von innen heraus. Sie herrscht über ihr Leben und ihre Schöpfung. Sie folgt dem großen Motto unserer magischen Ur-Ahninnen: "Tue, was du willst und schade niemandem!"

Wir verbeugen uns nun vor der Schöpfung, die ihren Ausdruck in allem was ist findet. In Demut gehen wir achtsam mit dieser Schöpfung um.

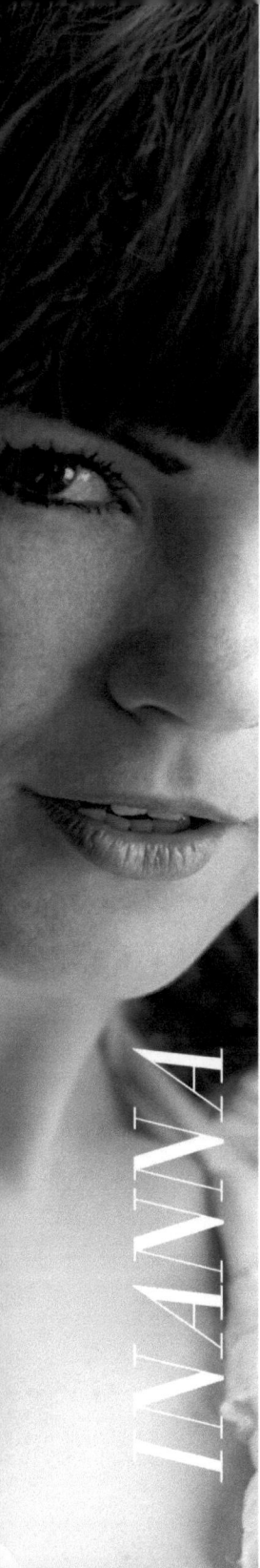

DEMUT

Wo mischt du dich in das Leben von anderen Menschen ein?

Wo meinst du es besser zu wissen als die anderen, wie sie ihr Leben leben sollen?

Wann fällt es dir schwer dich, nicht in das Leben der anderen einzumischen?

Was sind deine vermeintlich "guten" Gründe zum Einmischen

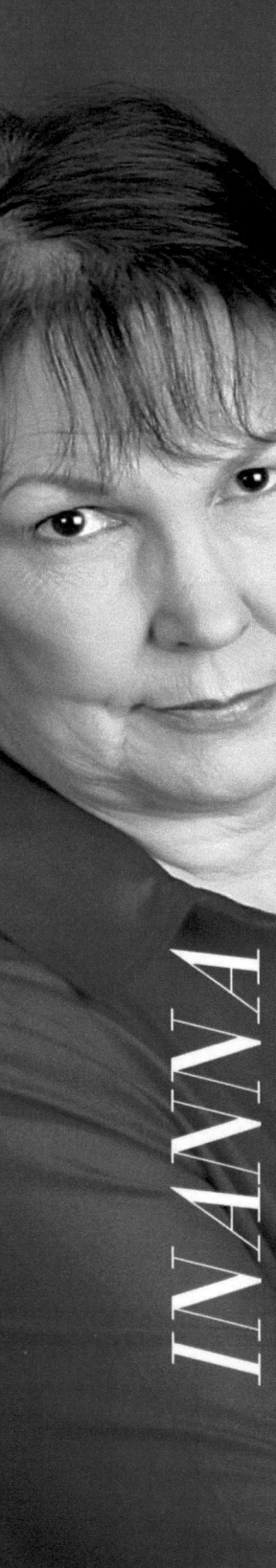

DEMUT

Wer mischt sich in dein Leben ein? Wen lässt du über dein Leben bestimmen?

Wo fühlst du dich machtlos?

An wen und in welchen Lebensbereichen hast du deinen Thron über dein Reich abgegeben?

Wo fällt es dir schwer, Schülerin zu sein und anzunehmen?

Du trägst
die
Verantwortung
für deine
Schöpfung.
Nicht mehr und
nicht weniger

INANNA
DEINE WEIBLICHE EINWEIHUNG

TUE WAS DU WILLST UND SCHADE NIEMANDEM

Der große Leitspruch im magisch-seelischen Schöpfungsprozess lautet ja: „Tue was du willst und schade niemandem!".

Die große Frage bzw. Unsicherheit im Anwenden und Ergreifen dieser großen Affirmation ist "Wann schaden wir jemandem?"

Und dementsprechend weiter "Wann schade ich jemandem nicht?" auch wenn er/sie sich veilleicht verletzt fühlt. Das ist ein großer Unterschied. Damit meine ich jetzt natürlich nicht, dass wir das Recht haben, jeden zu verletzen.

Um es zu verdeutlichen, nehmen wir ein Beispiel: Es kann jemanden verletzen, wenn er uns fragt "Liebst du mich!" und wir sagen "Nein!".

Ja, das tut im ersten Moment weh, aber schaden tun wir damit nicht.

Schaden oder verletzen? Auf die Feinheiten kommt es hier an.

Also, lass uns mal gemeinsam anschauen, wann wir jemandem schaden.

#1 LÜGEN

Ja, alle Lügen. Es gibt hier keine Ausnahme. Nein, auch keine „gut gemeinten" Lügen. Lügen baut IMMER negative/destruktive Energie auf und damit schaden wir nicht nur anderen, sondern vor allem und in erster Linie uns selbst. Wir dimmen damit sozusagen unser Licht und schaffen eine schwere und dunkle Atmosphäre. Wenn du hellfühlend bist,

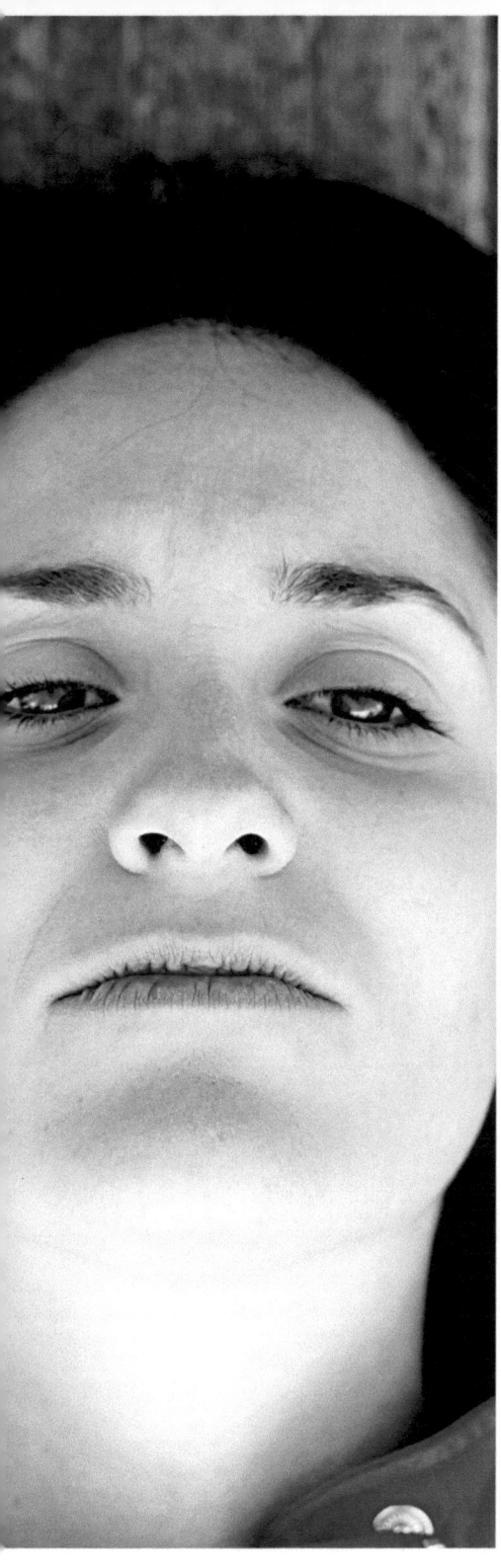

dann verstehst du sicherlich, was ich meine. Allerdings ist damit auch nicht gemeint, dass ich jemandem und allem, schonungslos und ungefragt meine Wahrheit um die Ohren hauen soll und damit eventuell verletze. Aber es gibt drei einfache Regeln für diesen Aspekt:

Regel 1:

Nimm dir vor, ab jetzt immer bei der Wahrheit zu bleiben

Regel 2:

Stell nur eine Meinungsfrage, wenn du bereit bist, dir die Wahrheit des anderen anzuhören, auch wenn es nicht das ist, was du dir erhoffst zu hören. Hierfür ein ganz profanes Beispiel: „Findest du, dass mir dieses Kleid steht?" – Natürlich hoffen wir, dass dann etwas Nettes kommt. Aber Fakt ist, Geschmäcker sind unterschiedlich und letzten Endes ist das immer eine Einladung, dass du dich selbst so in deine Schöpfermacht hineinversetzt, dass du für dich selbst entscheiden kannst, ob es dir steht oder nicht. Dass du für dich selbst entscheiden kannst, ob es dir gefällt oder nicht. Das macht uns frei und unabhängig und den anderen auch. Wir geben damit die Erlaubnis, dass der andere frei uns auf unsere Frage antworten darf. Er muss nicht lügen, um zu vermeiden, uns mit seiner Wahrheit zu verletzen. Das ist wichtig. Wir erschaffen kein Feld des Lügens mehr für uns selbst und „zwingen" auch niemand anderen mehr, für uns zu lügen, nur damit wir uns besser fühlen

Regel 3:

Wenn jemand anderes dich nach deiner Meinung fragt, sag ihm gleich, dass du nicht lügen wirst und dass du nur antworten wirst, wenn er bereit ist, deine Antwort auch zu hören, gleichgültig wie sie ausfallen mag. So kann der andere immer noch entscheiden a) dich gar nicht erst zu fragen und b) ist vorgewarnt, dass das, was du sagst, ihm/ihr nicht unbedingt gefallen muss. Damit erzeugen wir ein Feld der Wahrhaftigkeit und Authentizität. Und unser Wort, unsere Meinung ist dann wertvoll, eben weil sie wahrhaftig und ehrlich ist und der andere sich darauf verlassen kann, von uns nicht angelogen zu werden. So wie wir uns auch darauf verlassen möchten, dass der andere uns nicht anlügt. Eigentlich ganz einfach, aber doch auch immer wieder ein Lernprozess.

#2 Hinterhältigkeit und Berechnung

Manchmal ist uns gar nicht so bewusst, dass wir in unserem Schöpfungsprozess hinterhältig und berechnend handeln und würden es sicherlich weit von uns weisen, dass wir so agieren. Dies geschieht häufig dann, wenn wir gerade sehr gefangen sind in unseren eigenen Emotionen und Gedanken und dabei nicht über den Tellerrand schauen können, um zu erkennen, dass wir mit unserem Verhalten anderen schaden. Um es verständlicher zu machen, hier ein Beispiel aus dem realen Leben, welches mir immer wieder in den sozialen Medien begegnet ist. Frau liebt ihren Ehemann nicht mehr und erklärt, nicht gegenüber dem Ehemann, sondern in sozialen Gruppen, dass sie aber noch bei ihm bleibt die nächsten drei Jahre, bis die Kinder ausgezogen sind. Danach würde sie sich trennen.

Am besten kann man „hinterhältig und berechnend" verstehen, wenn wir den Spieß umdrehen. Wie würde es dir gehen, wenn dein Partner sich von dir trennt und dir sagt, dass er die letzten drei Jahre nur mit dir der Kinder wegen zusammengeblieben ist? Drei wertvolle Jahre eurer/deiner Lebenszeit.

Drei Jahre, in denen du im Trugschluss gelebt hast, dich in einer Beziehung, vielleicht sogar in einer liebevollen Beziehung zu befinden. Doch es war nicht wahr. Der andere hat einfach „nur" berechnet, wann der beste Zeitpunkt für ihn gekommen ist zu gehen, ohne dir eine Chance zu geben, frei zu entscheiden, ob du das auch möchtest oder nicht. Das ist hinterhältig. Ich möchte nicht so von meinem Partner behandelt werden. Du?

Wir nehmen damit dem anderen – aus meinem Beispiel „drei Jahre" seiner kostbaren Lebenszeit. Wir nehmen ihm die Chance, Liebe bei jemand anderem zu finden, weil er sich vertrauensvoll an uns gebunden hat. Wir nehmen uns selbst die Chance, eine wertvolle Beziehung zu führen.

Wir schaden dem anderen und uns selbst.

Zum „berechnenden Handeln" gehört übrigens auch der Aspekt des Übervorteilens. Wir wissen, dass wir mehr bekommen als wir geben oder als der andere verdient hätte. Wir profitieren auf Kosten eines anderen. Auch das fällt in die Kategorie „jemandem schaden"

Aber wir wissen ja, nach dem Kosmischen Gesetz, dass das, was wir rausgeben, das sein wird, was wir bekommen werden. Sprich: Schaden wir jemand anderem, schaden wir letztendlich immer uns selbst. Das ist die große Kunst des magischen Schöpfungsprozesses. „Ich tue, was ich will und schade niemandem"

3 Alle Handlungen geboren aus negativen/destruktiven Gefühlen

Damit ist nicht gemeint, dass wir keine negativen oder destruktiven Gefühle haben dürfen. Nein, nein, verstehe mich hier nicht falsch. Wir sind Menschen und manchmal haben wir negative Gefühle. Das ist völlig normal. Die Kunst ist aber, diesen Gefühlen nicht den Raum zu geben, unseren Schöpfungsprozess zu bestimmen. Folgen wir und handeln wir auf Basis von negativen / destruktiven

Gefühlen, richten wir IMMER Schaden an, ohne Ausnahme. Hier sind Gefühle gemeint wie Hass, Neid, Missgunst, Rache, Wut usw.

Nochmal, es ist völlig normal auf unserem Weg als Mensch durch dieses Leben, dass wir auch solche Gefühle haben. Manchmal sind wir wütend, manchmal sind wir neidisch. Und weißt du, warum diese Gefühle so großartig sind? Weil sie uns zeigen, wo unser nächster Bewusstseinsschritt ist. Wir wären nicht neidisch, wenn da nicht etwas ist, was wir auch gerne hätten. Dann dürfen wir uns auf Forschungsreise begeben, was es genau ist, um dann dem „tue was du willst" eine Richtung zu geben.

Wieder ein Beispiel. Vielleicht bist du neidisch, weil jemand anderes viel Geld hat oder Erfolg in seinem Beruf oder so schlank ist oder was auch immer. Dann nimmst du dein Gefühl und schaust es dir genau an. Was an dem Erfolg des anderen hättest du auch gerne? Möchtest du einfach auch Erfolg haben? Möchtest du Erfolg haben mit dem, was der andere tut? Möchtest du so sein wie der andere? Das ist doch prima. Der Neid darf sich dann wandeln in „inspirieren lassen" und als „Zielsetzung" für deinen Schöpfungsprozess.

So wandeln wir negative Gefühle in etwas Konstruktives.

Eine negative Reaktion wäre z.B. wir sind neidisch auf den Erfolg von jemand anders, also fangen wir an, schlecht über ihn/sie zu reden, wo immer wir können. Wir fangen an, Fehler beim anderen zu suchen und ihm/ihr ständig unter die Nase zu reiben. Wir hinterlassen negative Bewertungen und Kommentare usw. Das negative Gefühl Neid hat die Kontrolle über unsere Handlungen übernommen und wir fangen an zu schaden. Dem anderen und uns selbst. Stop it. Mach es nicht. Auch wenn

du es bis jetzt gemacht hast, lass es ruhen. Fokussiere dich auf dich, auf deinen Erfolg, nimm dir die besten Vorbilder und dann geh deinen eigenen Weg.

Mit negativen Gefühlen sind wir viel zu oft, viel zu sehr beim anderen. Vergeuden wertvolle Zeit, den anderen zu verfolgen, anstatt die Zeit zu nutzen, etwas Konstruktives in unserem eigenen Leben aufzubauen. Wir ändern niemals die anderen, nur uns selbst. Dann können wir Inspiration sein und dann ändern sich andere vielleicht, weil sie uns als Vorbild nehmen. Aber du bist die ganze Zeit dann bei dir, deinem Licht, deinem magischen Schöpfungsprozess. Ganz einfach und ich sage dir, mit konstruktiven Gefühlen ist das Leben einfach so viel schöner als mit destruktiven.

4 Machtmissbrauch und Grenzüberschreitungen

Ziemlich ähnlich verhält es sich übrigens mit Grenzüberschreitungen und Machtmissbrauch jeglicher Art. Anstatt konstruktiv unser eigenes Reich (Leben) zu gestalten und aufzubauen, überschreiten wir Grenzen und mischen uns in die Herrschaft eines anderen Reiches ein. Vielleicht mit dem „leuchtenden" Gedanken, wir wüssten ja besser, was für den anderen das Beste ist oder schlicht und brutal: für die eigene Bedürfnisbefriedigung. Beides ist katastrophal für das gesamte System. Ach ja, und auch umkehrt. Es ist ganz wichtig, in unserem magischen Schöpfungsprozess darauf zu achten, der Herrscher über unser Reich/Leben zu sein. Unseren Thron zu besteigen. So können wir darauf achten, dass niemand mehr unsere Grenzen überschreitet und uns damit schadet. Dass niemand mehr seine Macht über unsere stellt und uns – auf welche Art auch immer – missbraucht. GANZ WICHTIG.

Da brauchen wir auch nicht „lieb und nett" zu sein. Als Königin/König liegt es an uns, ein ganz klares „Nein!" aussprechen zu können und auch energetisch voll dahinter zu stehen. Niemand hat das Recht, uns auszunutzen, uns zu benutzen, unsere Grenzen zu verletzen, uns zu schaden und es liegt an uns, darauf zu achten. Hier kommen wir nämlich zum nächsten wichtigen Punkt:

5 Täterverhalten

Täterverhalten schadet immer. Es gibt keinen „guten" Täter. Nun ist es natürlich eine Frage, wann wird man zum Täter. In dem Moment, wo du wider besseres Wissen handelst. In dem Moment, wo du weißt, das ist nicht richtig, was du hier tust. Wir fühlen es, wir wissen es. Wenn wir Druck ausüben, wenn wir verletzen, wenn wir erpressen, wenn wir Opferspielchen spielen und Manipulationsspielchen. Wenn wir andere abhängig machen und Abhängig-keitsverhältnisse ausnutzen. Wenn wir meinen, das „Ziel heiligt die Mittel" – nein, denn „der Weg ist das Ziel" und es kommt immer darauf an, wie wir diesen Weg gehen, mit welcher Absicht und auf welche Art und Weise wir unsere Realität erschaffen und gestalten.

Und weißt du, in der einen oder anderen Form sind wir alle schon Täter gewesen. Aber auch wenn wir jetzt keine Täter mehr sind, ist es wichtig, Täter-Verhalten zu erkennen, denn wenn wir „Täter-Spiele" in unser Leben lassen, auch wenn sie von der anderen Seite kommen, dann schaden wir uns selbst damit. Wir dürfen uns erlauben, Täterspielen eine Grenze zu setzen. Dazu gehört z.B. auch das „Spiel mit dem schlechten Gewissen", was andere uns aufzwängen wollen. Wie kannst du deinem alten Vater, der dich vielleicht jahrelang missbraucht und misshandelt hat, jetzt nicht beistehen, wo er doch so krank ist?

Achtung, gerade beim Täteraspekt ist die Gefahr groß, dass wir in alte „Kinderrollen" fallen und uns durch unser Verhalten selbst vergewaltigen. Ja, das klingt hart. Sich unsere eigene Realität, unser eigenes Sein ehrlich anzuschauen, ist halt nicht immer mit rosa Watte gespickt. So oft funktionieren die perfiden Täterspiele auch später noch, so oft fallen wir noch darauf rein. Wieder, weil wir nicht „Nein" sagen können, weil wir doch „lieb und artig" sein wollen, weil wir doch „so spirituell und lichtvoll" sein wollen.

Schade nicht mehr dir selbst. Hör auf, auf Täterspiele der anderen hereinzufallen. Jemand der dich wirklich liebt, geht nicht über deine Grenzen. Ganz einfach. Missbraucht dich nicht, nutzt dich nicht aus. Erpresst dich nicht, wildert nicht in deinem Reich herum, macht dich nicht klein oder fertig. An solchen Orten und bei solchen Menschen sind wir an der falschen Stelle für den Aspekt Liebe.

Okay, einmal tief durchatmen. Wenn wir an die Täter-Themen kommen, kann man fast merklich fühlen, wie die Energie schwer und dunkel wird. Das ist übrigens auch für dich, wenn du gut fühlen kannst, ein gutes Signal, um Abstand zu nehmen und dich zu schützen. Nicht vergessen: „Schade niemandem" bezieht auch mit ein, dass du darauf achtest, mit dem was du da erschaffst, mit dem, was du tust, dir selbst nicht zu schaden.

Letzter Punkt und vielleicht dann der freakigste:

6 Schwarze Magie

Braucht man eigentlich gar nicht mehr viel darüber zu schreiben, oder? Schwarze Magie ist – wieder – IMMER negativ und zielt letztendlich immer darauf ab, jemandem zu schaden. Also, wenn du den Bumerang Effekt nicht abbekommen möchtest: Finger weg davon!

Hierzu gehören auch Blutverträge, Seelenverträge, Liebeszauber und so weiter.

Als „Lichtkriegerin", in Verbindung zu unserem magischen Potenzial, arbeiten wir daran, Licht in unsere eigenen Schatten zu bringen. Wir fangen an zu tun, was wir wollen und immer weniger dabei jemandem zu schaden. Uns selbst nicht, aber auch niemand anderem. Keinen anderen Menschen, keinen Tieren, nicht Gaia, nicht der Natur, nicht der Seelen-Vereinigung.

Das könntest du letztendlich auch als wahre Erleuchtung, Einweihung oder wahre Meisterschaft bezeichnen. Es ist ein Weg. Wir lernen. Wir erkennen. Wir machen Fehler. Wir straucheln. Wir sammeln Zuversicht. Wir erkennen erneut. Wir wandeln. Solange bis unser Sein lichtvoll ist. Ja, du musst nicht ganz so spirituell sein. Du musst nicht das höchste spirituelle Ziel als Lebensziel haben. Aber jeder Schritt, den du auf der lichtvollen Seite gehst, jeder Schritt, der nicht schadet, sondern Licht in dein Leben bringt und damit in die Welt, ist ein Segen.

Auf unserer Inanna Reise werden wir so manchen hier genannten Punkt treffen. Im Inneren, wie im Äußeren. Wo wir vielleicht ausnutzen, schaden, oder lügen und wo andere diese Spielchen mit uns spielen.

Alte Verstrickungen zu durchschauen, um sie letzten Endes durchtrennen zu können, ist manchmal ein ganz schöner Kraftakt, aber ein lohnender.

Inanna geht den Weg der Befreiung. Heraus aus all diesen Spielchen, den Grenzüberschreitungen, dem Einmischen, dem Ausnutzen, den Manipulationen.

Am ersten Tor streift sie nun ihre Krone ab, bereit den ersten Schritt zu tun, wieder Schülerin zu sein auf dem Weg der weiblichen Urkraft.

Möge dein Lernprozess segensreich sein.

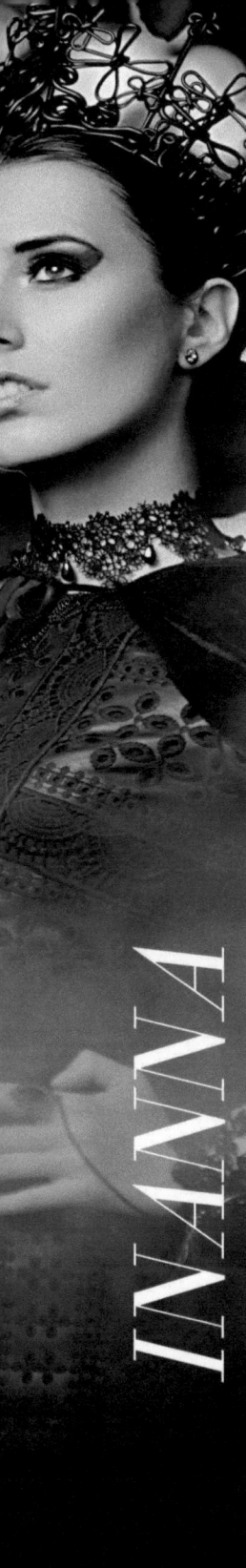

INANNA

TUE, WAS DU WILLST - SCHADE NIEMANDEM

Was hat dir beim Lesen am meisten ein ungutes Gefühl gemacht? Hier bist du auf dem Weg wichtiger Erkenntnisse?

Wobei hast du dich vielleicht ertappt gefühlt?

Gibt es jetzt schon etwas, was du erkannt hast und von nun an ändern möchtest in deinem Leben?

Wie frei fühlst du dich im Denken, Fühlen, Sprechen und Handeln?

MEINE KRONE, DIE ICH
JETZT ABLEGE

CREATIVE ART PAGE

Tor 2
Freies Denken
ohne
Verurteilung

TOR 2

Um das zweite Tor durchschreiten zu können, wird Inanna zwei weitere Attribute ablegen müssen: zum einen ihr prachtvolles Stirnband mit dem großen Lapislazulistein in der Mitte und zum anderen den Messstab in ihrer Hand.

Von außen betrachtet, scheinen beide nicht sonderlich viel miteinander zu tun zu haben. Du kannst dir denken, was jetzt kommt? Richtig ein ABER. Aber sie haben sehr wohl miteinander zu tun.

Inannas Stirnband symbolisiert ihr „eingeschnürtes" Denken in vorgegebenen Bahnen. Ihr wurde, wie uns allen, beigebracht, wie man sich als Frau in der Gesellschaft zu benehmen hat und auch, wie man zu denken hat, und zwar immer dem jeweiligen Zeitgeist angemessen. Wer durfte sich nicht als kleines Mädchen Dinge anhören wie: „So benimmt man sich aber als feine Dame oder als Prinzessin nicht!"

oder „Sei ein braves Mädchen!" Unsere Gesellschaft ist im Denken unglaublich schnell dabei, uns in Schubladen einzusortieren und wenn wir uns nicht von unserem einengenden Stirnband befreien, dann sind wir versucht, dieses Spiel mitzuspielen. Fängt man an, dagegen zu rebellieren und alte Strukturen aufzubrechen, dann kommt man in die Schublade „Emanze".

Ist man für freie Liebe, dann ist man eine „Nutte". Liebt man Sex und die Sexualität, dann ist man eine „Nymphomanin". Entscheidet man sich für die Kinder zu Hause zu bleiben, dann ist man die „zeitlich stehen gebliebene" Hausfrau, die den Karrierefrauen ein schlechtes Gewissen einreden will. Entscheidet man sich für Kinder und Karriere, ist man plötzlich die „unverant-wortliche" Karrierefrau, die vielleicht besser keine Kinder hätte bekommen sollen. Wird man vom Mann mit vier Kindern

WEIBLICHES DENKEN

sitzen gelassen und ist plötzlich auf Hartz IV angewiesen, ist man die „Versagerin", die dem Staat auf der Tasche liegt und wohl noch nie etwas von Verhütung gehört hat.

Sicherlich fallen dir auch tausende solcher Beispiele ein. Und hinter alldem steckt immer die Frage: Wer bin ich als Frau, jenseits all dieser gesellschaftlichen Vorgaben, Meinungen, verurteilenden Schubladen und Ansprüchen?

Im Ablegen des Stirnbandes geht es symbolisch darum, all diese Meinungen, die irgendwann einmal von außen zu uns gekommen sind, abzulegen und anzufangen, frei zu denken. Frei über sich selbst zu denken. Ganz egal, was die anderen von dir halten oder zu dir sagen. Frei darüber nachzudenken: Wer bist du als Frau? Wer möchtest du sein als Frau? Was für eine Frau lebt in dir, möchte gezeigt werden, möchte ausgedrückt werden, möchte sich entfalten und strahlend das eigene Leben macht- und kraftvoll ergreifen. Der Lapislazulistein des einengenden Stirnbandes liegt genau auf dem dritten Auge und verschließt es somit. Ja, vielleicht verrutscht es mal ein wenig nach links oder rechts und wir erhaschen eine Ahnung von dem, was jenseits unseres logischen Denkens verborgen liegt. Aber solange unser Denken eingeschränkt ist, solange läuft auch unser drittes Auge auf Sparflamme.

Erst im Ablegen desselbigen, kann sich das Tor des intuitiven Wahrnehmens, des Sehens jenseits der logischen Realität, mehr und mehr öffnen. Über das dritte Auge können wir eintauchen in unsere ureigene Seelenwelt. Wir halten mit dem dritten Auge Innenschau, schauen uns von innen heraus an und entdecken uns selbst, jenseits der Vorstellungen und Meinungen unserer Außenwelt.

Je mehr wir uns von innen heraus ergreifen, desto gleichgültiger wird es, was die Außenwelt uns als „Frausein" verkaufen möchte. Wir „kaufen" es ihnen nicht mehr ab. Wir „machen" uns selbst, wir „erfinden" uns selbst. Mit dem freien Denken und dem offenen dritten Auge brauchen wir niemanden, der uns sagt, wie wir als Frau zu sein haben, zu denken haben, zu handeln haben, zu akzeptieren haben.

ICH
ERKENNE MIT
MEINEM
DENKEN
DAS
UNIVERSUM

*WAS KANN ICH DARAUS
ERKENNEN UND LERNEN? IST
DIE GROSSE FRAGE DES
WEIBLICHEN DENKENS, "DER
WEG IST DAS ZIEL" IST EINE
WEIBLICHE ART DAS LEBEN ZU
ERGREIFEN.*

Dazu gehört auch endlich, dazu-zustehen, dass weibliches Denken anders ist als männliches Denken. Gerne werden wir dafür klein gemacht, dass wir nicht "logisch" denken könnten. Doch Frauen können logisch denken, aber die Grundbasis weiblichen Denkens ist analogisch.

Deswegen gibt es häufig viele Missverständnisse zwischen Männern und Frauen. Deswegen verstehen wir häufig nicht, wenn uns ein Mann etwas erklärt und umgekehrt. Das eine ist nicht besser als das andere. Doch Frauen machen sich häufig deswegen klein und denken, sie seien dumm und negieren damit eine wundervolle, außer-gewöhnliche Begabung ihres Denkens.

Männliches Denken könntest du als horizontal und lösungs-orientiert bezeichen, wohingegen weibliches Denken vertikal und erkenntnisorientiert ist. Männer versuchen eine Lösung zu finden, wir versuchen Erkenntnisse zu gewinnen. Deswegen haben Männer auch häufig das Bedürfnis, Lösungen zu präsentieren, wenn es uns schlecht geht und wir hingegen nur reden und in den Arm genommen werden möchten.

Wenn wir es schaffen, diese beiden im Ausgleich zusammen-zubringen, können wir gemeinsam Großartiges er-schaffen.

Der erste Schritt ist das einengende Stirnband abzu-nehmen und dazuzustehen, dass wir eben nicht logisch denken, sondern analogisch, und dass das genauso wertvoll ist. Wir brauchen uns hierfür nicht zu schämen oder zu verstecken. die Zeit, das anzuerkennen, ist jetzt gekommen.

DEIN WEIBLICHES DENKEN

Wann und bei wem hast du das Gefühl, dass dein Denken nicht "richtig" ist?

Wann fühlst du dich klein in Gesprächen? Bei wem?

Was möchtest du gerne jetzt wirklich erkennen?

Was denkst du, wie du zu sein hast, damit du in das System passt? Und wie geht es dir damit?

MEIN
WEIBLICHES DENKEN

CREATIVE ART PAGE

GLAUBENSSÄTZE, MUSTER, PROGRAMMIERUNGEN

Durchschaue das Spiel

Freie Gedanken sind wichtig für unseren Schöpfungsprozess, für die Gestaltung unserer Realität. Unsere Gedanken sind der Ausgangspunkt. Sind sie noch gefangen im "Goldenen Käfig", denken wir nur, wir seien ja frei und könnten alles machen. Doch in Wahrheit befinden wir uns im Käfig und sind gefangen. Die Freiheit können wir nur durch unsere Gitterstäbe wahrnehmen. So scheint alles möglich, da wir ja alles sehen können, und kommen doch nicht vom Fleck, weil wir die Gitterstäbe des Käfigs ignorieren.

Diese Gitterstäbe sind gebaut aus unseren Glaubenssätzen, unseren Programmierungen und unseren Mustern. Ohne es zu merken, beeinflussen diese drei großen Gefängnisse unser Denken und daraus resultierend unser Handeln, unser Sprechen und unser Fühlen. Daraus erschaffen wir unsere Realität und wundern uns, warum unser innerer Reichtum sich irgendwie nie im Außen zeigen möchte. Immer noch sind wir zu arm, leben wir nicht unsere Berufung, haben immer noch nicht die erfüllende Beziehung usw.

Doch ihr wisst ja, Veränderung beginnt bei uns selbst und wenn du diesen drei Gefängnissen auf die Schliche kommst, dann kann sich alles wandeln, frei, dahin wo du es hinhaben möchtest.

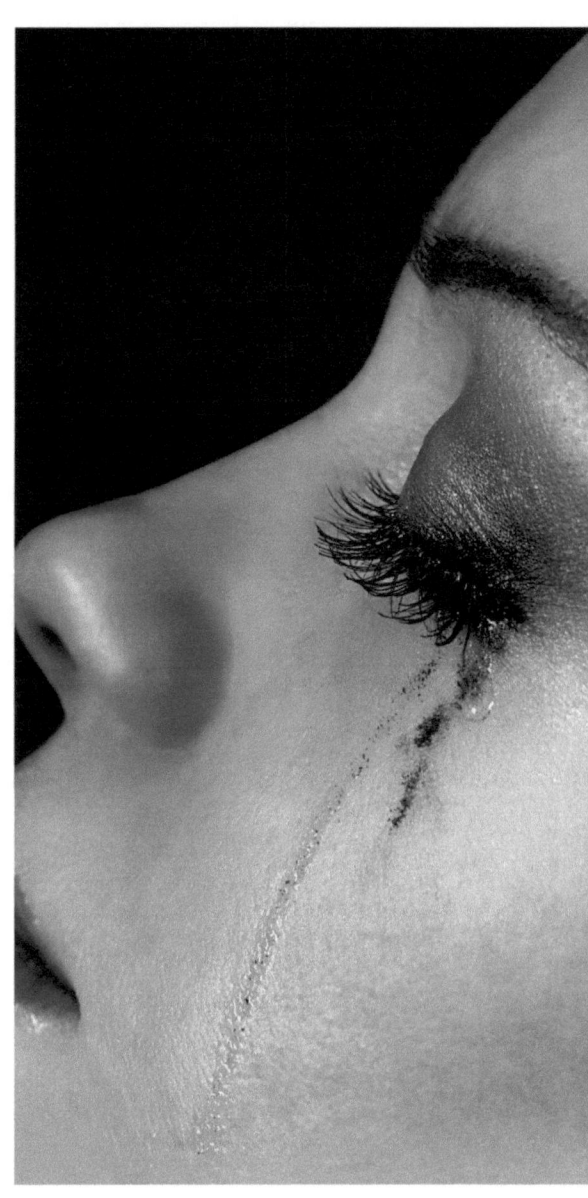

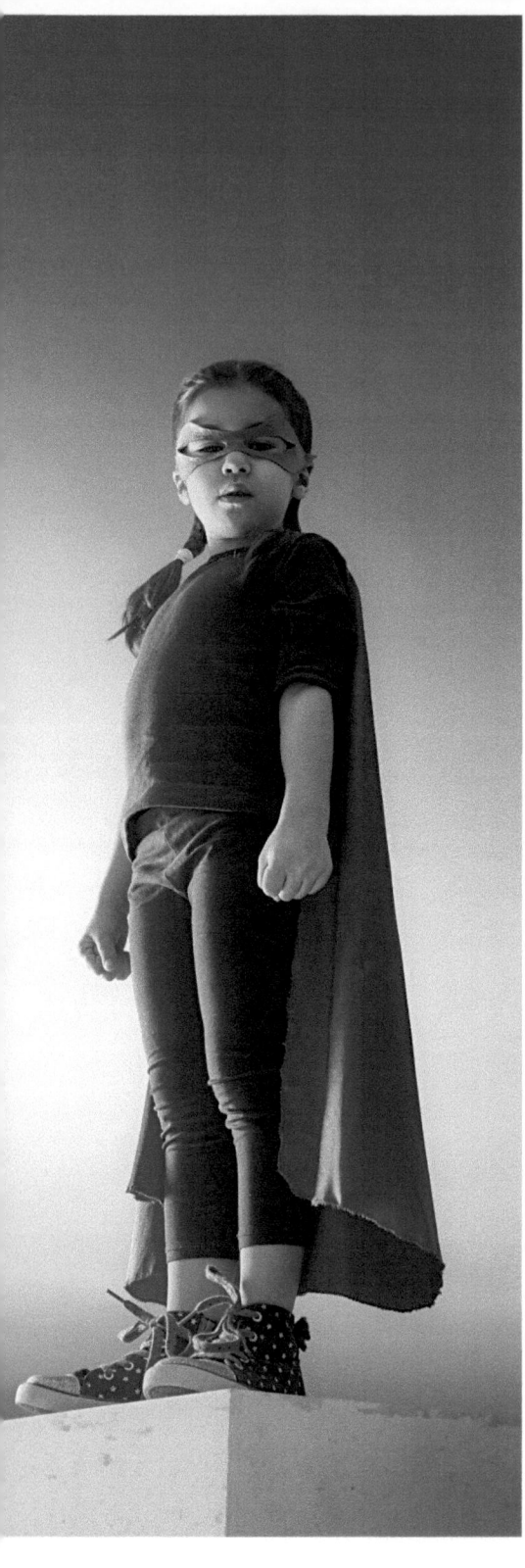

Daher ist es mir wichtig, auf unserer gemeinsamen Inanna-Reise nochmal eine kleine Zusammenfassung dir mit auf den Weg zu geben. Häufig sind die kommenden drei Bereiche vor allem geprägt worden von unserer Familie (Vater, Mutter, Geschwister, Großeltern oder denjenigen, die dich großgezogen haben), Partner, Freunde, Lehrer.

Vieles von dem tragen wir unbewusst mit uns herum, haben es verinnerlicht, und leben ein Bild, welches ein anderer von uns hatte.
Die Einladung, sich dessen mehr und mehr bewusst zu werden, um "frei" entscheiden zu können, was man behalten möchte und was nun vielleicht doch endlich gehen darf. Das ist enorm wichtig auf unserem weiblichen Einweihungsweg. Halten uns doch Glaubenssätze, Programmierungen und Muster ansonsten im alten System fest und wir wundern uns, warum es einfach nicht vorangehen will.

#1 Glaubenssätze

Glaubenssätze sind unsere inneren "Ich Bin's". Als Kind erscheinen noch alle Ich Bin´s im Bereich des Möglichen. Doch wir lernen viele Ich Bin`s im Laufe unseres Lebens kennen, die uns eigentlich verletzen und klein machen, wie "Ich bin häßlich", "Ich bin böse", "Ich bin ungeschickt", "Ich bin dumm", "Ich bin zu dick", "Ich bin.... (bitte Passendes einfügen)" .
Dieses Selbstbildnis und die negative Besetzung entstehen häufig, weil andere, vor allem unsere Eltern und Lehrer uns so betitelt haben. Aus "stell dich doch nicht so dumm oder ungeschickt an" entwickeln wir das Bild "Ich bin dumm!".
"Du frisst uns ja noch die Haare vom Kopf!" entwicklt sich z.B. "Ich bin dick!". Aus "das können wir uns nicht leisten" wird ein "Ich bin arm".
Und diese Glaubenssätze sind hartnäckig in uns verankert und wirken.

WELCHE DESTRUKTIVEN GLAUBENSSÄTZE LEBEN IN DIR?

2 Muster

Muster ist all das, wie du reagierst und agierst in deinem Leben. Häufig lernen wir wieder in unserem familiären Umfeld, wie das Spiel Leben funktioniert. Wir eigenen uns die Muster unserer Familie an, wie man z.B. Beziehung lebt, wie man mit Geld umgeht, wie man über sich selbst und andere denkt und spricht. Das verinnerlichen wir unbewusst von klein auf an und leben es aus, ohne dass es uns bewusst ist (oder Achtung: wir bleiben stets das rebellierende Kind und gehen immer gegen an - auch das macht uns nicht zu einem freien Menschen!) - wer kennt ihn nicht den schönen Satz:

"Ich werde niemals so wie.... (bitte Passendes einfügen)" - wer dir hier als erstes einfällt, ist der- oder diejenige, der du jetzt wahrscheinlich am meisten ähnelst bzw. dessen Verhalten du dir unbewusst angeeignet hast oder gegen den du immer noch rebellierst. Den Mustern auf die Schliche zu kommen, ist häufig das Schwierigste auf unserem Weg der Bewusstwerdung und manchmal auch das Schmerzhafteste. Aber nur so können wir wahrlich frei werden.

Muster können uns enorm in unserer Entfaltung einengen, weil sie so oft ganz unbewusst automatisiert ablaufen, oft ohne dass wir das wirklich erzeugen wollen.

Wir wollen oft nicht so streiten, wie unsere Eltern es getan haben oder Sätze an unsere Kinder weitergeben, die wir schon von unseren Eltern gehört haben.

Wir nehmen das gelernte "Spiel des Lebens" von einst und spielen es genauso weiter, natürlich mit unserem individuellen Einfluss, aber wir spielen das gleiche Spiel. Hier ist es wichtig, dass Spiel zu hinterfragen. Möchtest du dein Leben so spielen, wie du es einst von zu Hause gelernt hast? Oder möchtest du es wandeln?

MUSTER, DIE ICH VON ANDEREN ÜBERNOMMEN HABE:

CREATIVE ART PAGE

3 Programmierungen

Programmierungen sind die klassischen "man macht das so!". Auch diese lernen wir von klein auf an. Sicherlich viele "mans" sind auch sinnig, um sich vernünftig in einer Gesellschaft zu bewegen, aber viele "mans" sind auch einfach ohne nachzudenken wiedergekauter Quatsch.

"Man muss studiert haben, um Erfolg zu haben!", "Man muss so oder so sein, um liebenswert oder begehrenswert zu sein", "Man muss eine Million haben, um als reich zu gelten" und so weiter....vielleicht fallen dir jetzt sofort auch verschiedene "mans" ein... das sind oft diejenigen, die in dir leben. Wir dürfen gerne jedes "man" hinterfragen, um unseren "Goldenen Käfig" zu öffnen und unser Denken von der Last der Enge zu befreien.

Gerade Frauen tragen viele gesellschaftliche "mans" mit sich herum, die sich schon lange überlebt haben und wo es Zeit ist, diese zu ändern. "Man muss heiraten!", "Man muss Kinder bekommen!", "Man muss hinter dem Mann stehen!" oder auch "Man muss dem Mann dienen!", "Man muss dafür sorgen, dass es dem Mann gut geht!" und so weiter und so fort.

Auch Programmierungen sitzen häufig sehr tief in unserem System und laufen völlig automatisiert ab und zeigen sich in unseren Wünschen, Träumen und Handlungen.

Oft braucht es einiges an Zeit, um Glaubenssätze, Muster und Programmierungen, die in unserem Leben wirken, wirklich zu durchschauen.

Lass dir Zeit. Manches fällt dir sicherlich sofort ein, anderes erkennst du situationsbedingt, wenn du z.B. deine Eltern triffst, auf einer Familienfeier bist, oder aber auch in einer eigenen Familie.

Wie immer: Setze dich nicht selbst unter Druck. Du weißt ja, erkennen ist eine weibliche Gabe und die kommt häufig ganz fließend zu uns.

MEINE PROGRAMMIERUNGEN

CREATIVE ART PAGE

Aus freien Gedanken erschaffe ich eine freie Realität

TOR 2

DAS BEWERTEN UND VERURTEILEN ABLEGEN

Nicht nur, dass die meisten von uns nicht ermutigt wurden, frei zu denken und sich selbst als Mädchen und Frau frei zu definieren, nein – Achtung, jetzt kommt der Messstab - im Gegenteil: Wir haben gelernt, „anders sein" zu bewerten und zu verurteilen.

Erinnere dich an meine Beispiele von eben, welche Dinge hatte ich? Nutte! Nymphomanin! Hausfrau! Businessfrau. Garantiert, dass bei den meisten von uns sofort, Bewertungen zu diesen „Hauptwörtern" kommen. Der Messstab bewertet die Gedanken und das Sein. Er richtet, er misst und was nicht passend ist für das eigene enge Gedankengefängnis des Goldenen Käfigs, wird verurteilt, immer im Zusammenspiel mit dem „eingeschränkten" Denken. Und „passend" bedeutet hier in der Regel, das, was gerade gesellschaftlich als passend anerkannt ist. Das riesengroße Problem: Viele Frauen versuchen

krampfhaft, irgendwie in das „passende" Schema zu kommen in allen Belangen des Lebens. Äußerlich passend ist es gerade, möglichst schlank zu sein, mit 50 noch auszusehen wie mit 20, am besten ein Six-Pack zu haben, locker flockig ein Kind und die Karriere managen und natürlich noch eine wundervolle, jedoch auch emanzipierte Partnerin für den Lebenspartner zu sein. Selbstverständlich ist der Haushalt tadellos geführt und es könnte jederzeit „Schöner Wohnen" vorbeikommen für eine Fotosession. Selbstverständlich achten wir auf alles, was wir zu uns nehmen und selbstverständlich ist alles ökologisch wertvoll.

Wenn du es nicht schaffst, dann versagst du und aufgrund unseres eingeschränkten Denkens, sprich, dass wir nicht lernen durften, wir zu sein, so wie wir sind, fühlen wir uns in einem, in vielen, vielleicht sogar in allen Lebensbereichen als Versagerin. Das Gefühl von

DAS LEBEN MEISTERN

„Ich schaffe es nicht" ist unser ständiger Begleiter. Mit diesem Zwang kann man sich das gesamte Leben versauen.

Ehrlich gesagt: Es spricht gar nichts dagegen, schlank zu sein, jung auszusehen, sportlich zu sein, alles mit links zu managen. Das ist doch wundervoll. Aber es ist auch wundervoll, dick zu sein, sich über all die Fältchen zu freuen, die man bekommt, lieber auf der Couch zu liegen, als ins Fitnesscenter zu gehen, Chaos in der Wohnung zu haben. Warum nicht? Es liegt immer daran, wie wir es bewerten und verurteilen.

Im Ablegen des Messstabes und im Ablegen des Stirnbandes versetzen wir uns in die Lage, einmal völlig frei auf uns und unser Leben zu schauen und uns zu fragen: Was möchte ICH eigentlich? Wer möchte ICH sein? Wer bin ICH eigentlich? Um dann dahin zu kommen, dass du alles sein darfst, was du möchtest, was in dir gelebt werden möchte und sich entfalten möchte. Du darfst es sein und die Frau neben dir darf sie sein und die Nachbarin darf sie sein und deine Mutter darf sie sein, alle so, wie sie sein wollen. Hausfrau, Businessfrau, Sex liebend oder ablehnend, Kuchen essend oder Smoothies trinkend, Bücher lesend und Gewichte hebend natürlich oder Schönheits-OPs. Es ist dein Leben und deine Entscheidung, wie du es als Frau leben und dich ausdrücken möchtest. Und diese Entscheidung darf jede Frau für sich treffen. Es geht dich nichts an, wenn jemand sich hundertmal operieren lassen möchte, um sie zu sein. Es geht dich nichts an, ob jemand 10 Stücke Kuchen am Tag isst, es geht dich nichts an, ob jemand vegan leben möchte. Es geht dich nichts an, ob jemand, sich ganz für den Mann aufopfern möchte.

Die Einzige, die dich wirklich etwas angehen sollte, bist DU selbst.

Erlaube dir, dich selbst in den Mittelpunkt zu stellen und den Maßstab für dein Leben zu finden. Das ist vollkommen ausreichend.

Mit deinem Sein kannst du Licht und Inspiration sein für andere Frauen, oder auch nicht.

Das Wichtigste ist, dass du mit dir und deinem Leben zufrieden bist und das erreichen wir nicht, indem wir über andere richten oder urteilen. So einfach ist es im Endeffekt.

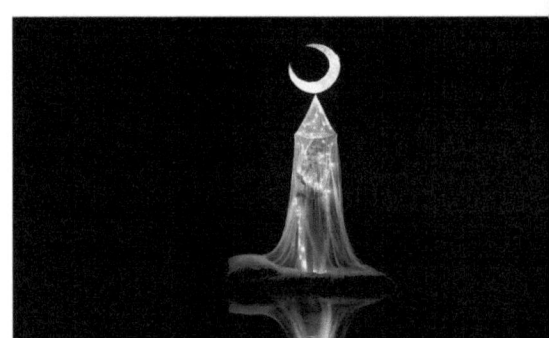

WELCHE
FRAU
MÖCHTEST
DU
SEIN?

*DIE FRAGE WIRKT SO KLEIN,
DOCH IST SIE DAS FUNDAMENT,
AUF DEM DU DEINE SCHÖPFUNG
ERSCHAFFST.*

WELCHE FRAU MÖCHTEST DU SEIN?

An diesen Punkt wird Inanna immer wieder kommen, wieder und wieder und immer wieder wird sie sich neu definieren.
Vergiss nicht, du bist Inanna. Damit ist gemeint, wir selbst definieren unser Frau-Sein immer wieder neu. Sie nimmt ihre Lebens-erfahrungen und definiert sich daraus neu. Du definierst dich neu.. Es ist ein Lebensprozess.
Er funktioniert nur, wenn du dein Denken aus der Einschränkung herausholst und aufhörst, andere und ihr Sein zu bewerten und vor allem aufhörst, dich in etwas hineinzuzwängen, was eigentlich gar nicht zu dir gehört.

WELCHE FRAU MÖCHTEST DU SEIN?

Eine Lebensfrage, die dich ein ganzes Leben begleiten wird. Leg das Stirnband und den Messstab ab und fange an, dich selbst zu definieren, dich selbst auszuprobieren. Es gibt so viele Möglichkeiten. Wähle und erfahre DICH selbst. Dazu gehört auch, den Mut zu haben, auf diesem Wege Fehler zu machen. Zu erkennen, dass man auch mal nicht richtig lag.
Dir selbst mehr Größe zu erlauben, dir selbst mehr Möglichkeit zuzugestehen.
Den Mut zu verändern, wenn es sich nicht mehr gut und stimmig anfühlt.

WELCHE FRAU MÖCHTEST DU JETZT SEIN?

FRAU SEIN

Was für eine Frau bist du jetzt gerade in deinem Leben?

Was findest du JETZT toll am Frau-Sein?

Was hasst du gerade am Frau-Sein?

Was für eine Verbindung möchtest du mit anderen Frauen haben?

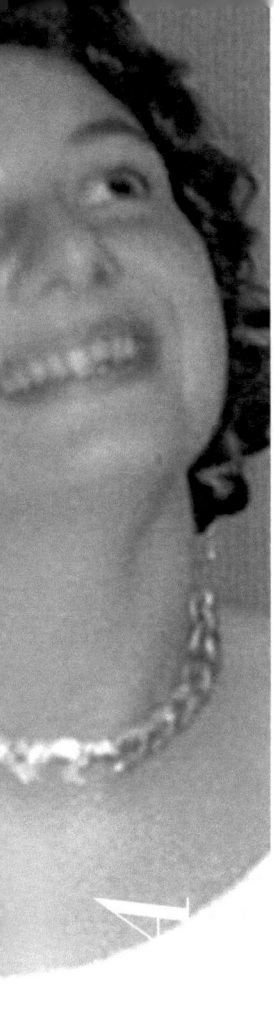

DEINE BE-WERT-UNGEN

Wo bewertest du dich selbst negativ?

Wo bewertest du dich positiv?

Welche Frauen bewertest du aus welchen Gründen negativ?

Was ist für dich Selbst-Wert und inwieweit bist du schon dieser Selbst-Wert?

SO MÖCHTE ICH VON NUN AN ALS FRAU SEIN:

CREATIVE ART PAGE

Tor 3
Freie
Kommunikation

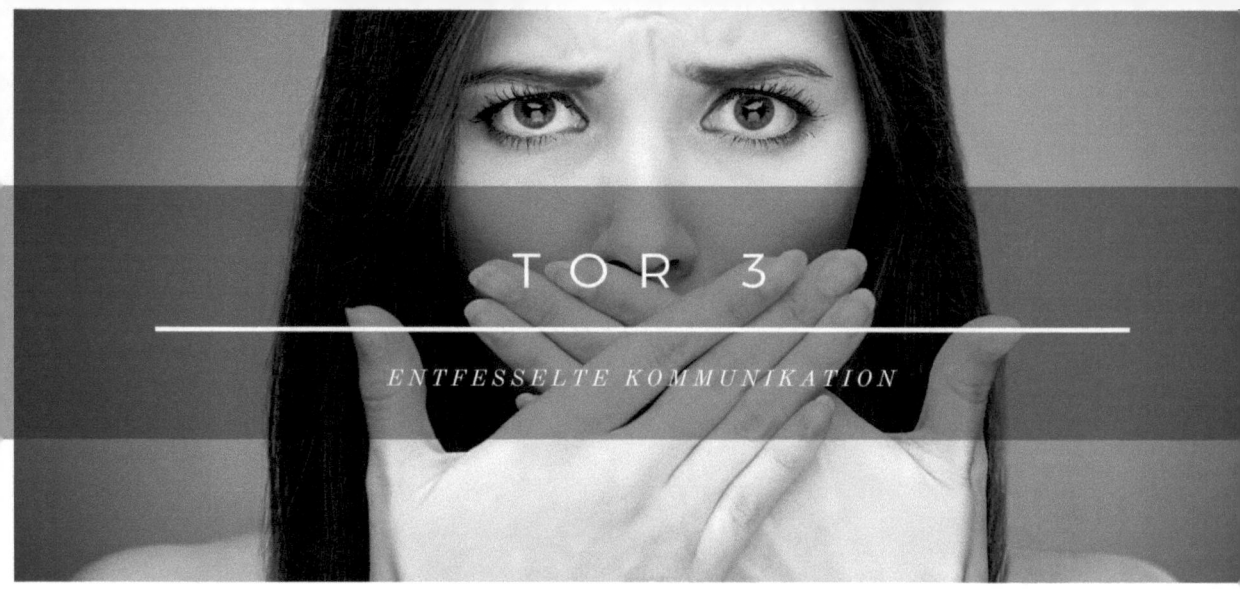

Inanna trägt eine wunderschöne, aber harte, kalte Kette um den Hals. Am dritten Tor ist sie aufgefordert, diese nun endlich abzulegen, die schon so lange so schwer um ihren Hals hängt. Das dritte Tor steht in unserem Einweihungsprozess für die Kommunikation. Kein leicht zu durchschauendes, aber umso wichtigeres Thema.

Denn Worte können uns ganz plötzlich und unvorhergesehen verletzen, sich tief in unser Herz schneiden und schmerzende Wunden verursachen. Ketten fesseln uns, genauso können uns Worte fesseln und ewig im Glauben binden. Wie viele Worte, Sätze, die du schon gehört hast, die dich verletzt haben, einst vor langer Zeit, die heute noch ihre Wirkung haben. Mich hat z.B. verletzt, als meine Eltern mich als kleinen Elefanten betitelt haben, als sie eine meiner Ballettaufführungen besucht haben. Das ist nicht das, was man als Tochter hören möchte, wenn man den Eltern etwas vortanzt. Ich war fünf, doch diese Worte haben sich tief in meinem Herzen eingeprägt und waren der Beginn eines jahrelangen Kampfes um Körpergewicht und vor allem eines Jahrzehnte währenden Hasses meiner selbst und der Figur, die ich mitbekommen habe. Heute habe ich den Schmerz überwunden, aber es hat Jahre gedauert. Die Verletzung der Worte meiner Eltern, denen ich doch so stolz nur etwas vortanzen wollte, saßen tief.

Danach habe ich aufgehört zu tanzen und bin zum Handball gewechselt.

Worte können uns wirklich nachhaltig treffen und unsere Handlungen – häufig auch unbewusst- beeinflussen. Es ist enorm wichtig, mal nachzu-spüren, welche Worte aus deiner Vergangenheit heute noch Auswirkungen auf dich und dein Verhalten haben.

LASS ALLE WORTE LOS, DIE DICH VERLETZEN UND KLEIN MACHEN

DU BIST NICHT GEBOREN UND LEBST, UM ANDEREN ZU GEFALLEN ODER ES ANDEREN RECHT ZU MACHEN. ES GEHT UM DICH UND DIE ERFÜLLUNG DEINER LEBENSZEIT.

Worte, die deine Eltern gesprochen haben, deine Freunde, deine Lehrer, vielleicht dein erster Partner.

Worte, von denen es jetzt Zeit ist, sich zu verabschieden, sie zurückzulassen, die Wunden jetzt endlich verheilen zu lassen, um frei den Weg der Weiblichkeit weitergehen zu können.

Im Hinschauen, sich dem Schmerz vielleicht noch einmal stellen, können wir es endlich gehen lassen, es ruhen lassen und vor allem uns selbst erkennen und endlich neue, für uns freiere, Entscheidungen treffen.

Aus den Worten von einst, werden die Glaubenssätze, die wir verinnerlichen. Wie in meinem erwähnten Beispiel. Meine Eltern sagen, ich sei ein kleiner Elefant und daraus wurde für mich der Glaubenssatz geboren "Ich bin dick!" und es war nicht liebevoll oder wertschätzend gemeint. Also prägte sich für mich der Satz "Ich bin dick" mit "du bist falsch" oder "wenn du dick bist, dann bist du nicht richtig".

Der Weg war lang. Heute kann ich ganz entspannt mit meinem Dick-Sein leben und umgehen. Fühle ich mich doch so wohl, wie ich jetzt bin. Mein Körper ist da, damit ich mich wohlfühle und nicht damit ich anderen gefalle in ihrem festgefahrenen, einengenden Wertsystem.

Die Einladung von Ereschkidal ist es, die verletzenden Worte nicht lange wie eine Last mit dir herumzutragen, sondern dich davon zu befreien, zu lösen, um endlich wirklich zu dir finden zu können.

Wieder ist es ein Weg, ein Prozess, gehe ihn mit viel Selbst-Liebe für dich.

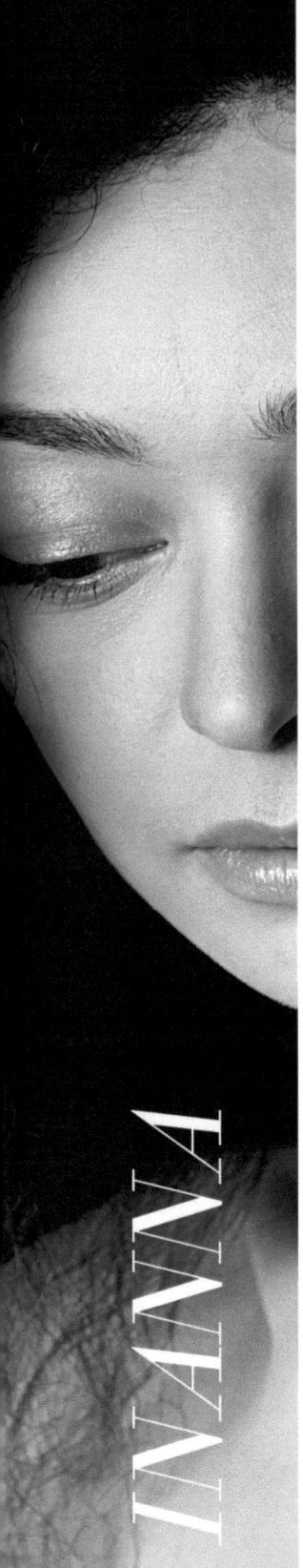

WORTE DER VERGANGENHEIT

Welche Worte über dich, dein Aussehen, dein Verhalten etc. haben dich einst verletzt?

Von wem kamen diese Worte?

Wie haben diese Worte dein Denken über dich selbst beeinflusst?

Wie hat sich dein Verhalten daraufhin geändert und wie wirkt es heute noch nach?

Die zweite Besonderheit beim dritten Tor ist, das Inanna sagen muss, was sie will. Sie will die schneidenden Ketten hinter sich lassen, um den nächsten Raum zu betreten. Aber solange sie es nicht in Worten klar und deutlich ausspricht, kommt sie nicht weiter.

Hier stoßen wir auf ein großes Problem. Wer von uns wurde schon so erzogen, dass er sagen durft, was er will. Ich wurde die ersten Jahre meines Lebens mehr oder weniger von meiner Großmutter großgezogen und einer ihrer Lieblingssprüche - sicherlich, weil sie auch schon damit groß geworden ist- war: „Kinder mit `nem Willen, kriegen was auf die Brillen!"

Im Klartext, man hat keinen Willen zu haben, aber vor allem, den spricht man nicht laut aus. Genauso gibt es den Spruch: „Kinder soll man sehen, aber nicht hören!" und der Klassiker: „Das sagt man nicht!"

Im dritten Tor der Unterwelt geht es darum, diese anerzogenen Mechanismen wieder abzulegen, sich endlich von der einengenden Kette der unterdrückten Kommunikation zu befreien, um endlich auszusprechen, was man will im Leben und was nicht.

Wir Frauen sind die Meisterinnen darin, nicht zu sagen, was wir wollen, aber zu erwarten, dass ein jeder wissen soll, was wir wollen. „Mein Mann muss doch wissen, dass ich das nicht will!" Mal ehrlich, wenn du es ihm nie gesagt hast, dann weiß er das nicht. Die anderen sind keine Hellseher. Die anderen sind wirklich nicht dazu da, deine Gedanken zu lesen und zu wissen, was du willst und brauchst, wenn du es nicht laut und deutlich und klar verständlich kommunizierst.

Dies gilt es wieder zu lernen.

SPRICH!

Denn häufig trauen wir uns nicht, das zu sagen, was wir wollen -und ich meine hier nicht nur in der Sexualität, sondern wirklich immer- oder nicht wollen. Vielleicht machen wir Andeutungen, ein eventuell, vielleicht, ja aber, man könnte doch auch…

Wir schleichen um das Thema herum, ohne es klar und deutlich auszudrücken, was in uns lebt und eigentlich gesagt werden möchte. Ereschkidal fordert uns auf, endlich wieder zu uns zu stehen, zu unseren Gedanken, zu unseren Gefühlen, zu unserem wahrhaften Sein. Sie fordert uns auf herauszufinden, was wir wollen und was wir nicht wollen und wenn wir es selbst gerade nicht wissen, ja, dann können wir auch das ganz klar aussprechen. Damit geben wir nicht nur uns die Freiheit, sondern auch dem anderen die Freiheit. Er oder sie muss dann nicht mehr herumraten, was wir wohl eventuell meinen oder warum wir gerade so merkwürdig sind, aber immer sagen: „Es ist nichts!" oder auch gerne: „Ja, also wenn du es nich[t] weißt, dann kann ich dir auch nich[t] helfen!"

Ja, wenn wir die Wahrheit spreche[n] und unseren Willen kundtu[n] bedeutet das nicht unbedingt, das[s] alle springen und uns diesen Wille[n] auch erfüllen. Es kann durchau[s] dann mal knallen, z[u] Unstimmigkeiten kommen, z[u] Auseinandersetzungen, bevor ma[n] eine gemeinsame Lösung finde[t] Aber wir sind dann zumindes[t] ehrlich uns selbst gegenüber un[d] auch ehrlich dem andere[n] gegenüber. So kann kla[r] kommuniziert werden und di[e] Chancen sind um einiges höhe[r] dass wir tatsächlich mehr da[s] bekommen, was wir möchten, al[s] wenn wir nur subtile Anspielunge[n] und Andeutungen machen ode[r] Migräne haben.

Ereschkidal zwingt uns, klar un[d] deutlich zu sagen, was wir wolle[n] wenn wir nicht weiter verletz[t] werden wollen. Wenn wir die Kraf[t] aufbringen: „Halt!" zu sagen un[d] aktiv zu handeln, um unse[r] Schicksal zu wandeln.

NIMM DIR KLEINERE ZIEL-ETAPPEN VOR - SO ERREICHEN WIR VIEL LEICHTER DAS GROSSE ENDZIEL

MEIN WEG DURCH DIESE INKARNATION DARF LEICHT SEIN.

Wir können uns nicht mehr drücken, wir können nicht mehr darauf warten, dass jemand kommt, der unsere Gedanken liest.

Wie in einem Märchen: „Er liest mir jeden meiner Wünsche von den Lippen ab!" Nein, tut er nicht. Tut niemand. Du musst es aussprechen. Es geht darum, die eigene Wahrheit zu finden, zu ihr zu stehen und klar und deutlich auszusprechen. So übernimmst du wahre Schöpferkraft und Verantwortung für dein Leben und dein Schicksal.

Das ist häufig nicht so einfach. Haben wir doch oft die Verbindung zu uns selbst und unserer Schöpfermacht verloren. Wir wissen nicht, was wir wollen. Wir wissen meistens eher, was wir nicht wollen. Aber auch das ist ein guter Anfang. Aus dem, was wir nicht wollen, können wir dann mehr und mehr herausfinden, was wir wollen.

Du musst nicht das Endziel kennen, teile deinen Weg und deine Entwicklung in kleine Etappen ein. Die sind so viel besser zu erreichen und wir erfahren dadurch viele kleine Erfolgserlebnisse, als ständig frustriert zu sein, weil wir das große Endziel noch nicht erreicht haben.

Wir dürfen uns den Weg leicht und einfach machen. So darf auch unsere Kommunikation immer leichter und einfacher werden.

Wir müssen einfach nur den ersten Schritt gehen. Uns einfach mal trauen, unsere Wahrheit zu sprechen.

Und wieder, nicht vergessen: Sei wertschätzend und achtsam dir selbst und anderen gegenüber.

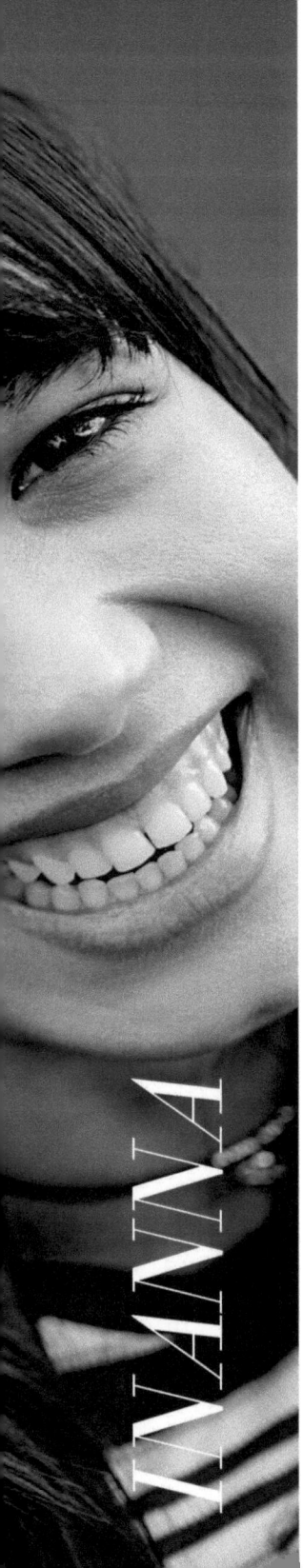

WAS WILLST DU?

Wann und bei wem traust du dich nicht zu sagen, was du möchtest?

Vor was hast du Angst, was passieren könnte, wenn du frei sprichst?

Was wäre das Schlimmste, was passieren könnte?

Was wäre das Beste, was passieren könnte?

WAS MÖCHTEST DU JETZT GERNE ALLES SAGEN?

Letzten Endes fordert uns Ereschkidal auf zu einer entfesselten Kommunikation. Bei diesem Bild zucken viele zusammen und haben ein Bild davon, wie sie schreiend durch die Gegend laufen. Aber entfesselte Kommunikation bedeutet eigentlich „nur", dass du das was du fühlst, denkst oder in dir lebt, frei aussprechen kannst. Dass du dich traust, zu dir selbst zu stehen und dies auch zu äußern.

Wir Frauen sind häufig Meisterinnen darin, erst mal nichts auszusprechen, wenn uns etwas stört, sondern alles in einem riesengroßen innerlichen Fass zu sammeln. Und dann kommt der berühmte letzte Tropfen, der das Fass zum Überlaufen bringt und dann bekommt unser Gegenüber aber auch wirklich alles aufs Brot geschmiert. Das kann bei jedem passieren, beim Partner, bei den eigenen Eltern, bei der besten Freundin, bei den Kindern. Alles wird jetzt aus dem großen Fass hervorgeholt.

„Und damals hast du...!" und „da hast du das getan, und das gemacht und das gesagt, und mich nicht geliebt...!" Ein riesiges Fass und dein Gegenüber wundert sich vielleicht nur, was jetzt alles plötzlich auf dem Spielfeld liegt, obwohl der Auslöser doch eigentlich nur eine Kleinigkeit war.

Das liegt daran, weil wir vorher eben nicht entfesselt kommuniziert haben. Wir haben einfach alles geschluckt. Jetzt fordert uns Ereschkidal auf, eben nichts mehr zu schlucken, sondern frei zu sprechen. Zu sagen, wenn du etwas liebst, etwas schön findest, etwas dich berührt, etwas dich nervt, etwas dir absolut gegen den Strich geht, du etwas nicht möchtest, du etwas möchtest. Und zwar GLEICH. Das verhindert, dass man das „Fass"-Spiel spielt. Daher verletzt entfesselte Kommunikation eigentlich nicht, sondern sie befreit dich und auch den anderen. Entfesselte Kommunikation bedeutet, zu sich und seiner Wahrheit zu stehen und das auch zu äußern, in Liebe zu sich selbst. .

Ich erlaube mir nun, klar meine Wünsche und Bedürfnisse zu kommunizieren

DER PROZESS DES "NEIN-SAGENS"

Die Kraft, zu dir selbst zu stehen

Als Frau wurde uns über Jahrtausende gelehrt, still zu sein. Den Mund zu halten, im Hintergrund zu sein, zu schweigen, auch wenn Grenzen überschritten wurden... ach es gibt so viel mehr.

Ich möchte dir eine Geschichte aus meinem Leben erzählen, um es verständlicher zu machen, welche Spielchen wir so oft noch spielen in der Kommunikation.

Es geht um eine Frau aus meinem ferneren Verwandtenkreis. Sie spielt schon ewig das Spiel der Schuldzuweisung, des armen Opfers, der Manipulation und obwohl ich es weiß und erkenne, habe ich sie dieses Spiel spielen lassen, auch mit mir. Weil frau ja nett sein will, weil frau ja für alle Verständnis hat, weil frau ja „spirituell" ist, weil frau ja ruhig mal einen Schritt zurücktreten kann, ist ja nicht so schlimm, ist ja nichts dabei, man sieht sich ja nicht so oft... und jedes Mal ging es mir schlecht.

Seit nun bald 25 Jahren spielt die gesamte Familie das verrückte Spiel dieser Frau mit, inkl. mir.

Jedes Mal ärgere ich mich darüber. Jedes Mal bin ich genervt und jedes Mal habe ich versucht, herauszufinden, was das mit mir zu tun hat. Und der Kopf hat viele Lösungen gefunden, aber das Gefühl nicht. Weil Kopflösungen niemals so tief gehen wie Gefühlslösungen. Doch endlich kam die Gefühlslösungen in Form eines Anrufs und einer Forderung von dieser Frau, die massiv über meine Grenzen gegangen sind.

Zu Beginn habe ich erst wieder versucht, das alte Spiel fortzusetzen, habe mich gewunden, war unklar in dem, was ich sagte, fühlte mich unter Druck gesetzt, fühlte mich in die Ecke gedrängt, fühlte mich machtlos. Und dann fühlte ich es plötzlich, ganz klar und rein in mir: NEIN!

Nein zu diesem Spiel der Manipulation. Nein zum Spiel von „sie ist das arme Opfer und wenn ich nicht tue, was sie sagt, bin ich Täter!". Nein zum Spiel, von Schuldzuweisungen. Nein zum Spiel immer den Spieß umzudrehen, damit ich den „Schwarzen Peter" in der Hand halte. Nein dazu, dass diese Frau mir die Luft zum Atmen nimmt. Nein.

Und ja, zum ersten Mal hat sie von mir ein ganz klares „Nein!" zu hören bekommen. Ohne Ausreden, ohne lange Erklärungen. Ohne mich zu rechtfertigen oder zu verteidigen. „Nein, das möchte ich nicht!". Fertig. Und ich habe einfach aufgelegt... was ich noch nie vorher gemacht habe.

Aber dieses „Nein!" am Ende einer jahrzehntelangen Beziehung, die mir nicht gut getan hat, musste ich selbst erstmal in seiner Größe erfassen.

Meine Familie hatte es an diesem Tage nicht leicht mit mir. Weil dieses Telefonat nur ein Schlüsselmoment für viel größere Erkenntnis war. All die alten Wunden brachen plötzlich auf, alles, was man als Frau und schon als Mädchen mit sich trägt an Grenzüberschreitungen, und immer klaglos, mit einem Lächeln eingesteckt hat, traten hervor. Viele Tränen kamen, unfassbar viel Wut kam hoch. Es war sehr befreiend und arbeitete eine ganze Weile nach.

#1 Grenzüberschreitungen

Ich glaube manchmal, Männer können sich gar nicht vorstellen, wie viele Grenzüberschreitungen man als Frau und Mädchen in seinem Leben erfährt. Wieder und wieder. Und wir müssen irgendwie versuchen, damit klar zukommen, um weitergehen, ja, weiterleben zu können.

Manchmal hat man das Gefühl, dass die Macht des Gegenübers so groß ist, dass man sich dem nicht erwehren kann. Hinzukommt, dass wir oft nicht beigebracht bekommen haben, wo unsere Grenze eigentlich ist. Was es heißt, seine energetischen, aber auch sehr realen körperlichen Grenzen zu schützen. Wer von uns hat nicht schon gehört „Stell dich nicht so an!" oder „So schlimm ist es nun auch nicht!".

Wir vergraben diese Grenzüberschreitungen tief in uns – und ich rede hier nicht ausschließlich von sexuellen Grenzüberschreitungen. Es fängt schon viel kleiner an, wenn wir Dinge tun müssen/sollen, bei denen wir uns nicht wohlfühlen, aber aufgrund von Druck von außen machen. Auch in der Schule. Ich erinnere mich, dass ich in der Grundschule mich vor die gesamte Klasse stellen musste und „Kuckuck ruft's aus dem Wald!" singen musste. Es war für mich so schlimm, dass ich am ganzen Körper gezittert habe. Der Lehrer stand neben mir mit seinem roten Büchlein, in das die Noten eingetragen wurden. Ich hätte mich am liebsten komplett aufgelöst.

Es war nicht die einzige Demütigung, die man als Schüler (ja, auch die Jungs) in der Schule erfährt. Wo man vorgeführt wird, bloßgestellt wird, klein gemacht wird. Alles Grenzüberschreitungen. Dieses Spiel lernen wir als Kind und als Erwachsener spielen wir weiter, mit einem aufgesetzten Lächeln. Weil, man ist ja „ein großes Mädchen / ein großer Junge" – man hält das aus. Wirklich?

Ich habe mich entschieden, es nicht mehr auszuhalten. Ab jetzt nicht mehr. Dieses „Nein!", geboren aus der Erkenntnis, wie viele Spielchen wir aufgezwungen bekommen, um in das System zu passen, ist noch immer wackelig. Aber ganz ehrlich: Wenn das System uns klein halten möchte, uns zum Schweigen bringen möchte, möchte, dass ich etwas tun soll, obwohl es mir schlecht dabei geht – dann ist es kein gutes System – gleichgültig, ob wir hier vom Schulsystem, Arbeitssystem, Familiensystem, Beziehungssystem usw. sprechen.

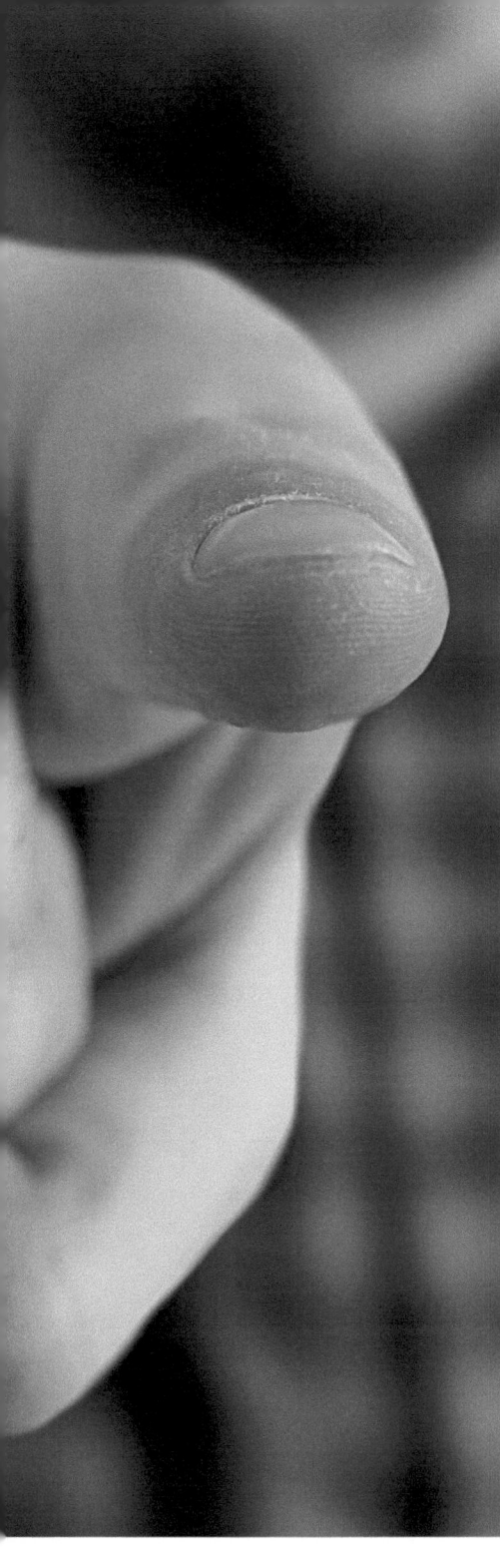

#2 Schlechtes Gewissen machen

Was Manipulatoren sehr gut können, und das sind häufig die Menschen, die Grenzen überschreiten, ist es, dir ein schlechtes Gewissen zu machen, wenn du versuchst dich zu wehren, oder deine Abwehr gleich im Keim zu ersticken. Jenseits des „du wolltest es doch auch!" gibt es viele, viele Abstufungen. Fängt schon mit dem „das bleibt unter uns" an. „Du möchtest doch nicht, dass es dem oder dem schlecht geht?" „...., dass sie enttäuscht von dir sind?"- denk an deine Noten, denk an deinen Job, denk an deine Eltern, denk an deine Kinder, an das Geld, das Haus, den Partner usw. Denk an alle, nur nicht an dich.

Achte darauf, dass alle in ihrer Blase von „alles ist gut" weiterleben können – da kannst du doch das auch noch einstecken. So packen wir unseren „Lebensrucksack" voll mit Steinen, die nicht zu uns gehören. Die schwer sind, schwer wiegen, eine schwere Energie machen. Damit laufen wir dann durch das Leben, vergessend, dass wir einst diese Steine des „Schlechten Gewissens" eingepackt haben, weil jemand anderes uns dazu überedet oder gezwungen hat.

Es ist gut, sich daran zu erinnern, damit wir sie wieder auspacken und nichts mehr tragen, nur damit es jemand anderem gut geht. Schon gar nicht dem Peiniger, schon gar nicht demjenigen, der unsere Grenzen achtlos, respektlos, lieblos überschreitet und das auch noch völlig normal und richtig findet.

#3 Buhmann

Das völlig Schräge ist ja, dass diejenige, die den Mund aufmacht, ja häufig erstmal der „Buhman" ist. Man stört das „geheime" stillschweigende Gefüge. Man bringt Licht in die verdreckten dunklen Ecken, die alle lieber verdeckt halten möchten.

Ich war schon so oft der Buhmann. In meiner Schulzeit, in der Schulzeit meiner Kinder – weil ich gerade das Schulsystem nicht einfach ungefragt so hinnehme und weil ich meinen Kindern so manchen Druck in der Schule ersparen möchte, den ich aushalten musste.

Es gibt Bereiche, da bin ich wirklich stark, „Nein!" zu sagen. Du sicherlich auch. Und dann gibt es Bereiche, da bin ich ganz schlecht darin, „Nein!" zu sagen. Die Bereiche, wo wir schlecht sind im Nein-Sagen, da liegt für uns der Schatz der Selbst-Erkenntnis verborgen. Bei mir ist es immer der familiäre Bereich. Im Job, im Business, im Freundeskreis usw. kein Problem. Also liegt meine Entwicklung in der Familie. Was ist es bei dir? Achte mal darauf. Wo fällt es dir schwer „Nein!" zu sagen und warum?

Der Buhmann zu sein, ist nicht leicht zu tragen. Kommt doch beim Buhmann schnell eine ganze Kaskade von Nachfolge-Erscheinungen und Befürchtungen mit: Ausgrenzung, Benachteiligung, Ablehnung, Selbst-Zweifel, Gefühle und auch Unterstellungen wie man sei unsozial, egoistisch, eben nur auf sich bedacht, unlogisch, rücksichtslos, herzlos usw. Auch diese Liste könnte man wohl unendlich weiter-führen.

Oft ist es wirklich so, dass der Buhmann alleine dasteht. Der, der Licht ins System bringt, ist selten derjenige, der gefeiert wird. Man solle doch lieber wieder schweigen, die Lampe abschalten oder besser nicht mehr zu Familientreffen, Elternabenden, Vereins-sitzungen, Freundestreffen usw. kommen.

Also für mich persönlich ist es wichtig, einen Kreis von Menschen um mich zu haben, von denen ich weiß, dass sie zu mir stehen, auch wenn ich mal „blöd" bin, auch wenn ich der „Buhmann" bin, wenn ich ehrlich bin und die mein „Nein!" tragen können. So habe ich meine

kleine Familie aufgebaut. Hier bin ich sicher. Auch sicher, immer wieder in neue Entwicklungsprozesse eintauchen zu können, ohne fallengelassen zu werden, ohne ausgegrenzt zu werden. Ich bin jetzt erwachsen – ich kann das. Und indem ich mir diesen Raum gewähre, setze ich Impulse für meine Kinder, dass sie „Nein!" sagen dürfen. Dass sie zu ihren Gefühlen stehen dürfen, dass sie vertrauen dürfen in dieser Familie. So wichtig. In unserer Wandlung durchbrechen wir den Kreis des Schweigens, des Marionetten-Daseins.

Meine Kinder – jetzt alle Teenager- dürfen meinen Prozess der Wandlung auch mitbekommen. So wie meine Tränen, meine Wut, meine wackeligen ersten neuen Schritte, nachdem ich dieses alte Beziehungsmuster durchbrochen hatte. Wir reden darüber, das schafft Klarheit für sie, für mich, für unser Familiensystem.

#4 Der andere ist wichtiger als ich

Oft haben wir als Mädchen gelernt, den anderen wichtiger zu nehmen als uns selbst. Oder auch Dinge. Warum z.B. sind die Noten wichtiger als das es uns gut geht in der Schule? Wie kann das sein? Wo haben wir hier den Weg verloren?

Ich habe als Mädchen noch gelernt, dass die Wünsche meines Vater die höchste Priorität haben. Es wurde gegessen, was er wollte. Es wurde im Fernsehen geschaut, was er wollte. Die Ausflüge gingen dahin, wohin er es wollte. Die Musik lief, die er hören wollte. Dieses Spiel habe ich übernommen und in meine Beziehungen weitergetragen. Natürlich war ich die beste Partnerin für meine Männer. Schließlich war ich immer so, wie sie es wollten. Auch bei meinem Mann habe ich dieses Spiel lange Jahre gespielt. Bis mein sehr aufmerksamer Sohn mir das knallhart ins Gesicht gesagt hat. Da fing ich an aufzuwachen. Mich zu beobachten und erschreckt festzustellen:

Tatsächlich, ich spiele das Spiel meiner Mutter und meiner Großmutter weiter – der Mann ist wichtiger als ich. Das ist das, was ich meinen Mädchen gerade vorlebte. Mich ständig anzupassen und zu verrenken, damit es meinem Mann gut geht. Meine Bedürfnisse völlig außer Acht lassend dabei. Wollte ich das? Wollte ich so ein Vorbild für meine Töchter und auch für meinen Sohn sein? Sollten sie das von mir mitnehmen ins Leben? Nein auf gar keinen Fall. Also fing ich an, mich zu wandeln. Es war ein langer Weg. Ein tränenreicher, mit so einigen Streitigkeiten mit meinem Mann, der ja eine andere Jenny gewöhnt war. Aber wir sind diesen Weg gemeinsam gegangen, haben ihn gemeinsam gemeistert und es hat mir geholfen, in meine Kraft zu kommen. Zu mir zu stehen, was unabdingbar war, um überhaupt zwei Firmen wie urvertrauen.de und die urvertrauen-akademie.de so groß aufzubauen. Das funktioniert nicht, wenn ich nicht in meiner Kraft bin. Das funktioniert nicht, wenn ich mich anpasse, unterwerfe und meine Wünsche außen vor lasse. So funktioniert kein einziger wahrhaft erfüllender Schöpfungsprozess.

#5 Gesunde Kompromisse

Es geht ja nicht darum, dass wir den Spieß umdrehen und jetzt die Grenzen der anderen überrennen mit unserem Nein! Es geht darum, dir klar zu werden, wo deine Grenzen sind. Was okay ist zu tun und was nicht okay ist zu tun. Wo wir uns selbst verleugnen und unser Wohlsein verkaufen, damit wir es dem anderen recht machen. Es ist wichtig zu erkennen, wo wir schweigen, obwohl wir eigentlich laut sprechen sollten, um wieder Luft zu bekommen. Wir schweigen häufig so lange, bis wir das Gefühl haben, in unserem eigenen Leben zu ersticken. Keine Luft zu bekommen und verrückt zu werden. Nochmal, das ist häufig antrainiert. Ein Muster und Programmierungen von einst, die wir nun aufbrechen dürfen.

Wir wollen ja vernünftige Beziehungen miteinander, also ist es wichtig, dass wir, wenn es darum geht, dass man etwas Gemeinsames machen möchte, einen Weg finden, wo beide sich wohl fühlen. Einen Weg, den beide gut gehen können. Ja, das ist nicht immer leicht. Dieser Weg findet sich nicht immer sofort. Manchmal darf man ausprobieren, wandeln, daran arbeiten und manchmal darf man auch einfach loslassen und feststellen, dass man nicht mehr zusammen gehen möchte. So habe ich schon viele Arbeitsstellen gehen lassen. Die Waldorfschule meiner Kinder gehen lassen. Wir sind oft umgezogen, weil es nicht stimmig war. Alte Freundschaften gehen lassen, weil es einfach nicht mehr passte usw. Wir dürfen gehen lassen, wenn es keine Möglichkeit für „gesunde Kompromisse" gibt. Wenn wir nicht auf einen Nenner kommen. Und das ist okay. Das dürfen wir.

Letztendlich dürfen wir uns selbst immer wieder daran erinnern: Es ist unser Leben – unsere Lebenszeit – wir leben nicht, damit andere sich alle wohlfühlen, während deine Grenzen permanent überschritten werden. Entweder wir finden einen Weg, wo es uns gemeinsam gut geht oder wir gehen getrennte Wege. Ja, dazu gehört Mut, dazu gehört Kraft, eine riesige Portion Selbst-Liebe, Selbst-Achtung, Selbst-Wertschätzung. Aber es lohnt sich.

Mein Lebensreich fühlt sich im Großen und Ganzen hervorragend an. Und die kleinen Momente, wie das Gespräch mit der „Verwandten", zeigen mir auf, wo ich noch nachjustieren darf, damit alles noch runder läuft. Wieder bin ich ein Stückchen mehr „Ich" geworden. Wieder bin ich noch ein Stückchen mehr „bei mir" angekommen und es fühlt sich gut an. Befreiend, stärkend, friedlicher.

HIER
WERDE ICH NICHT
MEHR
SCHWEIGEN

CREATIVE ART PAGE

Tor 4
Das
befreite Herz

Das vierte Tor ist ein kleiner goldener Käfig, der sich in einem Raum einer Burg befindet. Dieser Raum hat dicke, sehr dicke Mauern und schützt so – vermeintlich- den fragilen, zarten goldenen Käfig. In diesen Käfig sind wie irgendwann in unserem Leben freiwillig „hinein-geflattert".

Häufig in einer Situation, bzw. nach einer Situation, in der wir tief verletzt worden sind. Indem das Lebens uns einen Faustschlag versetzt hat, feste ins Gesicht. Aber in der Regel ist es so, dass der Käfig nicht schon komplett fertig ist, wenn das „Schicksal" zugeschlagen hat, sondern wir diesen Käfig nach und nach durch unsere veränderten Verhaltensweisen aufbauen. Wir begeben uns sozusagen auf eine goldene Platte und errichten die Stäbe und die Tür um uns herum. Durch die Stäbe können wir noch schauen, was außen passiert.

Naja, ein wenig können wir sehen, was passiert. Denn wir haben den Käfig errichtet in einem Raum mit sehr dicken Mauern, die uns beschützen sollen. Was hinter den Mauern verborgen liegt, dass bleibt unserem Blickfeld versperrt. Hier sind wir sicher. Hier kann uns nichts passieren.

Aber nichts passieren bedeutet auch eben, dass NICHTS passiert. Wir machen uns selbst zur Gefangenen unseres eigenen Lebens. Bloß in der sicheren Zone bleiben, damit wir nicht verletzt werden können. Damit wir niemals wieder verletzt werden können. Damit wir den Schmerz der Verletzung niemals wieder spüren müssen, aushalten müssen, überwinden müssen. ABER durch den Schutz des Käfigs und der dicken Burgmauern, kommen auch alle anderen Gefühle wie in Watte gepackt daher.

SPARFLAMMEN-LEBEN

Nur die Liebe auf Sparflamme spüren, die Freude nur auf Sparflamme spüren, die Wut, die unterdrückte, die Sehnsucht, die Hoffnung. Alles halb gar und lauwarm. So haben wir uns häufig eingerichtet, um uns sicher zu fühlen und ja, irgendwie auch geborgen. Hier können wir unser Reich überblicken, hier kennen wir uns aus, klein und fein.

Die Aufgabe ist es hier, den eigenen golden Käfig im Leben zu erkennen. Wo engen wir uns selbst ein, aus einem vermeintlichen Gefühl der emotionalen Sicherheit?

Inanna darf hier erkennen, dass sie sich in ihrem eigenen Gefängnis befindet und dass es nur eine Möglichkeit gibt herauszukommen, in dem sie die Tür des goldenen Käfigs und das Burgtor von innen heraus öffnet und heraustritt. Sich selbst befreiend aus der Gefangenschaft der Emotionen. Die Tür dieses Tores geht immer von innen nach außen auf. Wie ein Küken, welches aus dem Ei schlüpfen möchte. Das Ei muss von innen her

aufgebrochen werden, damit das Küken, sich selbst befreiend, heil schlüpfen kann. Wird das Ei von außen aufgebrochen, endet das Leben. Die emotionale Selbstbefreiung findet von innen heraus statt.

Das ist auch gut so, denn wir sind in der Lage, als erwachsene Frauen, sanft oder wild oder wie immer wir sein möchten, in unserer Zeit, in unserem Tempo, uns zu verbinden mit unserem Herzen. Nur wir und unsere Gefühle.

Ja, der Anstoß kann von außen kommen, z.B. wenn jemand unser Herz berührt mit Liebe, mit Wut, mit Freude, mit Verbundenheit. Irgendeine Emotion, die uns aufrüttelt, die wir im Inneren fühlen dürfen ohne den goldenen Schutzpanzer und ganz vorsichtig hineinspüren und dann eintauchen.

Wir sind die Herrscherin unseres Reiches. Doch wir wissen, dass gerade Emotionen sich nicht so leicht beherrschen lassen und genau das ist die Kunst in diesem Erkenntnisprozess: Sich den eigenen Emotionen hingeben, die Emotionen befreien aus ihrer Gefangenschaft und doch bei uns bleiben und die Herrscherin über unser eigenes Reich bleiben.

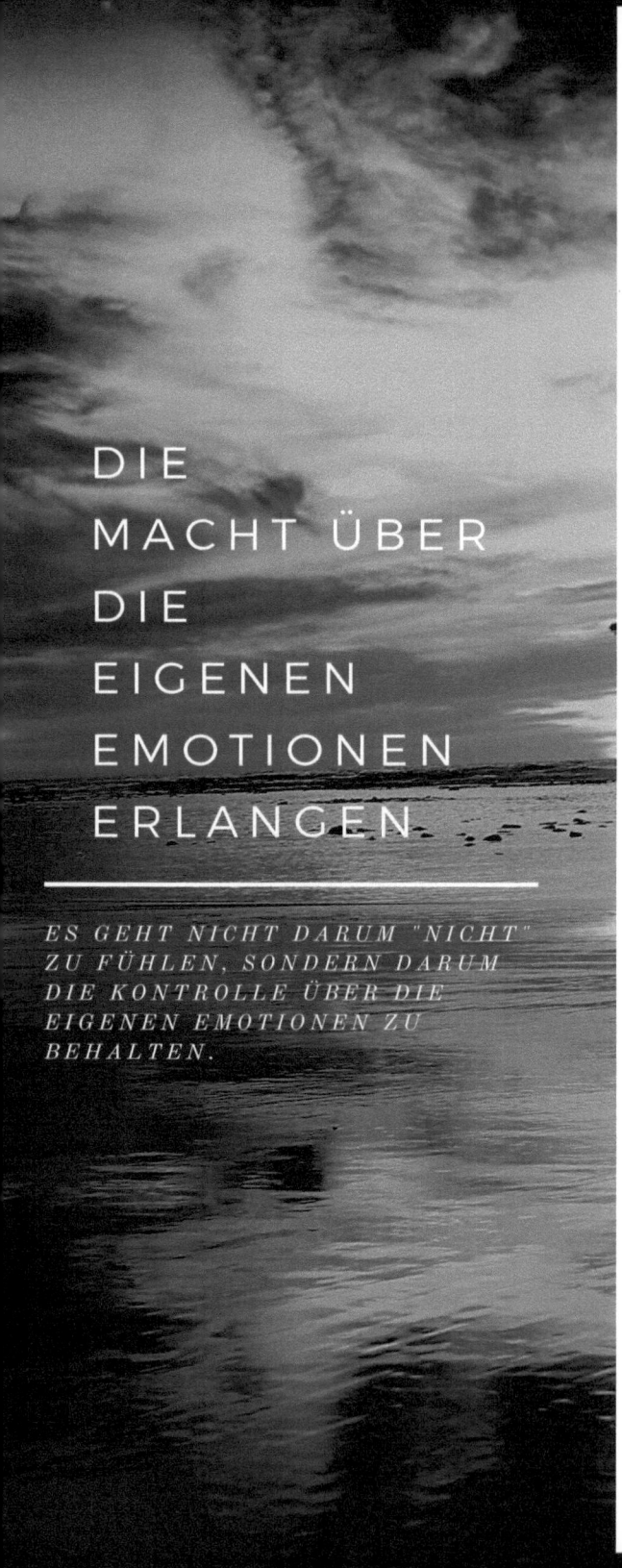

DIE MACHT ÜBER DIE EIGENEN EMOTIONEN ERLANGEN

ES GEHT NICHT DARUM "NICHT" ZU FÜHLEN, SONDERN DARUM DIE KONTROLLE ÜBER DIE EIGENEN EMOTIONEN ZU BEHALTEN.

Wir können Emotionen auf zweierlei Art in Gefangenschaft erleben. Auf der einen Seite können wir sie unterdrücken und so in Schach halten, dass wir so gut wie nichts mehr spüren oder wir übernehmen die Kontrolle über unsere Emotionen und unterjochen uns. Hier laufen die Emotionen über und dies führt häufig zu Handlungen, die wir hinterher bereuen.

Wenn Neid uns übermannt und wir fiese Dinge tun, um den anderen zu verletzen. Verliebt sein, was dazu führt, dass wir einer anderen Frau den Mann wegnehmen, weil wir „egoistisch" in unserer Verliebtheit gefangen sind. Emotionen können zerstören und das ist die große Gratwanderung des Herzens: Sich den eigenen Emotionen hinzugeben, frei wie ein Vogel, und doch der Herrscher der Emotionen zu bleiben. Sprich, man ist immer noch der Pilot des eigenen Fluges, damit der Flug gut ist und auch ein gutes Ende nimmt. Und wenn sie nicht gestorben ist, dann fliegt sie noch heute, frei und glücklich.

Wie immer gibt es jetzt erst ein paar Selbst-Erkenntnis-Fragen und dann auf den nachfolgenden Seiten findest du ein kleines Märchen, in dem du die Hauptrolle übernehmen darfst und deinen Teil der Geschichte dazu schreibst. Ich wünsche dir viel Freude bei dieser Übung.

EMOTIONALE VERLETZUNGEN?

Was ist deine schlimmste emotionale Verletzung?

Was ist an dieser Verletzung das Schlimmste?

Welche Schutzstrategien hast du daraus entwickelt?

Wie beeinträchtigen diese nun nachhaltig negativ dein Leben?

INANNA

ICH LASSE JETZT HIER MEINE TIEFSTE VERLETZUNG HERAUS

CREATIVE ART PAGE

DIE MAGISCHE BEFREIUNG

Der goldene Käfig

DER GOLDENE KÄFIG

ES WAR EINMAL....

eine Prinzessin, **die hieß** ....

Sie hatte, ohne es zu merken, sich selbst in einen goldenen Käfig gesperrt. In diesem Käfig hatte sie es sich gemütlich eingerichtet. **Sie hatte dort** ....

Obgleich sie all diese Dinge hatte, fühlte sie, dass etwas in ihr nach Freiheit rief. Etwas wollte frei fliegen wie ein Vogel, weit hinaus die Welt erkunden. Sie dachte, wenn ich frei wie ein Vogel wäre, **dann würde ich.....**

Die Prinzessin ging zur Tür ihres goldenen Käfigs. Würde sie sich öffnen, wenn sie es versuchte? Was würde sie auf der anderen Seite erwarten? Wie würde die Freiheit wohl dort aussehen?

Aber sie getraute sich nicht, es auszuprobieren. Was, wenn die Käfigtür nicht aufginge? Was wäre das doch für eine bittere Enttäuschung.

Die Prinzessin wusste nicht, ob sie mit so einer Enttäuschung umgehen konnte und ließ es daher lieber sein auszuprobieren, ob die Tür der Freiheit sich öffnen ließe.

Da kam eine gute Fee herbeigeflogen. Sie war so klein, dass sie einfach durch dir Gitterstäbe des goldenen Käfigs hindurch flattern konnte. Sie war ein vorwitziges kleines Ding. Sie setzte sich einfach auf den Kopf der Prinzessin und richtete sich aus den Haaren der Prinzessin ein gemütliches Bett.

"Was machst du denn da?" fragte die Prinzessin etwas unwirsch.

"Ich warte!" zwitscherte die kleine Fee.

"Worauf wartest du denn!" erwiderte die Prinzessin.

"Na darauf, wie die Geschichte jetzt weitergeht!" und die Fee klimperte süß mit ihren kleinen Äuglein.

"Ich weiß nicht, wie die Geschichte weitergeht!" zuckte die Prinzessin mit den Schultern.

"Merkwürdig," meinte die Fee. "Wo es doch deine Geschichte ist. Sollte man es da nicht eigentlich wissen?"

Hilflos stand die Prinzessin da und wusste nicht weiter. Da kam ihr die kleine Fee zu Hilfe.

"Schließ deine Augen!", befahlt sie sehr resolut für so ein kleines Persönchen. "Und nun stell dir vor, wie die Welt außerhalb dieses Käfigs aussehen soll für dich. Was möchtest du erleben, erfahren, fühlen, spüren, schmecken, entfalten?"

Und die Prinzessin schloss die Augen und erzählte der Fee, wie sie sich ein Leben jenseits dieser goldenen Gitterstäbe vorstelle. Sie erzählte was sie fühlen wollte, spüren wollte, was sie schmecken wollte, was sie entfalten wollte. Einfach, wie ihr Leben sein sollte. **Hier ist, was sie sagte.....**

MEIN LEBEN JENSEITS
DES GOLDENEN KÄFIGS:

Als die Prinzessin fertig war, öffnete sie wieder die Augen und schaute direkt in das kleine, niedliche Gesicht der Fee, die genau vor ihrer Nase herumflatterte.

"Aber das ist ja nur ein Traum!" seufzte die Prinzessin.

Da schüttelte die kleine Fee ihren kleinen Kopf und sagte etwas sehr Schlaues. Denn das können kleine Feen manchmal sehr gut, schlaue Dinge sagen.

"Alles, was du tun musst, ist diese Tür zu öffnen und deinen Käfig verlassen. Nur dann kann alles wahr werden!"

Sie küsste die Prinzessin frech und doch lieb auf die Nase, streute etwas Feenstaub über den Kopf der Prinzessin - denn Feenstaub erfüllt ja bekanntlich alle Wünsche und flatterte davon.

Leise meinte die Prinzessin noch das Stimmchen der Fee zu vernehmen, wie sie sagte:

"Alles, was du tun musst, ist die Tür deines Käfigs zu öffnen!"

Hier endet unsere kleine Geschichte. Aber da unsere Prinzessin noch nicht gestorben ist, ist es möglich, dass sie noch viele tolle Geschichten erfahren wird, viele einzigartige Dinge erlebt, liebt aus ganzem Herzen, weint aus ganzem Herzen, lacht, vor Wut brüllt, träumt und hofft, verlässt und wiederkommt, neu anfängt, aufbaut, zerstört, in Frieden lebt, glücklich, aber vor allem befreit.

Befreit aus ihrem kleinen, winzigen, goldenen Käfig. Und das alles ist möglich, weißt du. Weil es ihre Geschichte ist und sie darf alles erfahren, was sie möchte, wenn sie einfach nur die Tür öffnet und aus ihrem Käfig heraustritt. Und während sie das tut, kann sie ein feines zartes Lachen aus der Ferne vernehmen. Es ist ein Lachen der Freude von einer kleinen Fee.

ENDE

Ich bin frei, jederzeit aus meinem eigenen Goldenen Käfig auszutreten

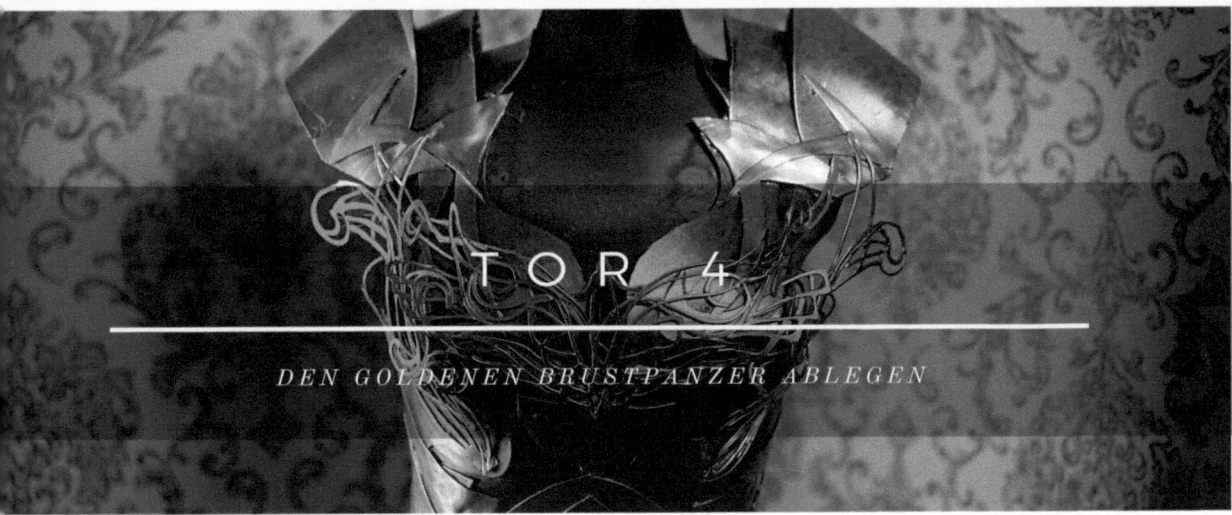

Inanna hat sich einen Brustpanzer aus purem Gold angelegt. Glänzend poliert strahlt er in die Welt hinaus und vermittelt so den „Anschein" eines leuchtenden Herzens. Doch in Wahrheit wird das Herz durch diesen Brustpanzer abgeschirmt, so wie der goldene Käfig durch die dicken Burgmauern abgeschirmt wird von den Eindrücken der Außenwelt.

Der goldene Brustpanzer beeindruckt, aber er verhindert, dass man sich beeindrucken lassen kann. Die „Gaben" der Welt (gute, wie auch vermeintlich schlechte) prallen an diesem „ach so leuchtenden Herzen" ab. Dies kann sich auf vielerlei Arten zeigen. Zum Beispiel in der von vielen so angestrebten „Licht und Liebe" Energie, die, wenn sie wie ein Brustpanzer von außen aufgesetzt wird, nur ein Scheingebilde ist.

Angeblich „schlechte", „dunkle" Gefühle werden negiert und aus dem Leben ausgeschlossen. Man wandelt von rosa Wölckchen zu rosa Wölckchen, obwohl in einem drinnen sich der Sturm schon längst zusammengezogen hat.

Das ist das Perfide am Brustpanzer. Auf der einen Seite schirmt er „beeindruckende", Emotionen hervorrufende Impulse, ab, auf der anderen Seite verhindert er, dass Emotionen von innen kommend sich Bahn brechen können und sich im Außen zeigen dürfen. Der Brustpanzer hält die eigenen Gefühle im Inneren gefangen.

Wie gerne würde man vielleicht mal schreien, auf den Tisch hauen, das Porzellan zerbrechen, vor Lust stöhnen, vor Verzückung kreischen, hemmungslos weinen. Aber man tut es nicht. Der Brustpanzer hält uns aufrecht, hält uns gerade und staut das Wasser der Emotionen im Inneren, schlimmsten Falls bis man das Gefühl hat, an ihnen zu ersticken, weil man ihnen einfach keinen Raum verschaffen kann.

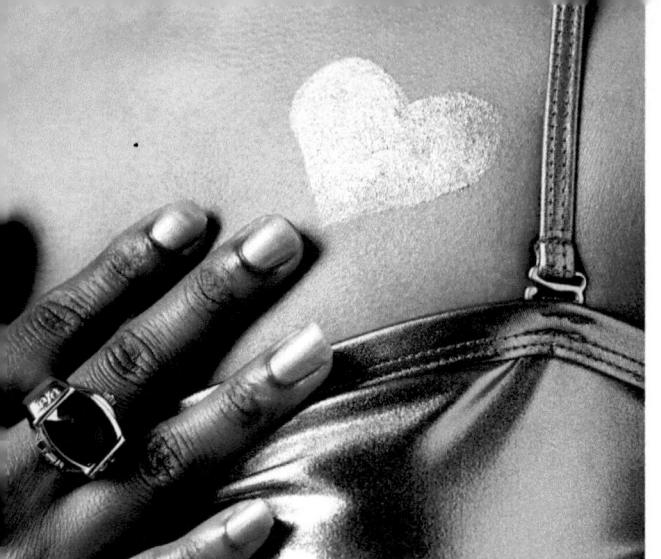

FÜHLE DEIN FREIES HERZ

„Hinfallen, aufstehen, Krone richten, weitergehen!" ist hier der Spruch, den uns die Welt verkaufen möchte und den wir jetzt als Inanna durchbrechen dürfen. Unsere Krone haben wir schon abgegeben. Und ja, manchmal fällt man hin und weißt du was, das kann verdammt wehtun. Und wir dürfen diesen Schmerz fühlen, wir dürfen auch mal darüber jammern, wie weh das tut, wie „Scheiße" es gerade läuft, wie sehr wir uns haben verletzen lassen.

Emotionen sind so dermaßen wichtig. Sie können so ein großartiger Ratgeber für unseren Lebensweg sein, wenn wir wieder bereit sind, befreit vom Brustpanzer, mit ihnen zu arbeiten. Also weinen wir, lecken unsere Wunden und weißt du was: Ja, dann wird aufgestanden, ABER nicht einfach wieder weitergegangen, sondern die innere Herrscherin des Reiches (frei von aufgesetztem Königingehabe) entscheidet, welchen Weg sie jetzt gehen möchte. Nein, wir gehen nicht einfach weiter. Wir nehmen unsere

Emotionen und dann entscheide wir, ob wir das noch einmal fühle wollen oder nicht? Und je nach dem wie die innere Erkenntnis un Antwort ausfällt, wählen w daraufhin unseren Weg!

Manchmal fallen wir gefühlt tausende Male über die gleich Baumwurzel des Lebens oder in da gleiche Loch in der Straße de Entscheidungen. Wieder un wieder. Jedoch, wenn wir lerner unsere Gefühle wirklic anzunehmen, statt im Jammern z versinken oder den Brustpanze wieder umzuschnallen, dan kommen wir an einen Punkt, w unsere wahre innere Weiblichke anfangen kann zu strahler Tausendmal heller als ein „olle Brustpanzer.

Warum sie anfängt, heller z strahlen? Wenn du dein Verletzungen wahrhaft fühlst, dan kannst du irgendwann auch eine Schlussstrich ziehen und kla entscheiden: „Das will ich nich mehr fühlen!" Wie z.B. keine Schmerz in einer schlechte Beziehung, keine Demütigun mehr, z.B. in der Schule, Arbe oder familiär, keine Traurigke mehr, z.B. familiär usw..

DIE GROSSE GABE DER WEIBLICHKEIT: FÜHLEN!

WIR KÖNNEN FÜHLEN, WAS UNS GUT TUT UND WAS NICHT.

Du hörst dann auf, das Spiel der anderen zu spielen, weil du fühlst. Weil du fühlst, dass du das nicht mehr fühlen möchtest. Dass die Zeit gekommen ist, dich daraus zu befreien. Ich sage dir, wenn du das schaffst, dann brauchst du keinen Brustpanzer, der dich von außen aufrichtet, sondern du hast plötzlich die Kraft dich von innen her aufzurichten und für dich selbst gerade zu machen. Genauso verhält es sich auch mit den guten Gefühlen: Wenn du dich wieder öffnest für die Liebe -manchmal geht sie auch wieder und das kann schmerzen, aber schade um jeden Moment, wo man die Liebe nicht gefühlt hat- und für die Freude, für das Lachen und die Leichtigkeit, kann sich die Sehnsucht entwickeln, dass man mehr davon haben möchte, und dann kann man auch entscheiden, welchen Weg man einschlagen möchte, um dieses mehr auch ins Leben zu holen. Vielleicht bist du dann in der Lage, aus einer „schlechten" Beziehung auszusteigen, weil du einfach schon lange nicht mehr Liebe, Lachen, Leichtigkeit erfahren durftest. Vielleicht bist du dann bereit, einen „schlechten" Job zu kündigen, um dir einen zu suchen, wo du Anerkennung, Freude, und Lust am Schaffen erfahren darfst. Vielleicht bist du dann endlich bereit, deine Wohnung zu kündigen und dorthin zu ziehen, wo du schon lange wohnen wolltest: ans Meer, in die Berge, in einen Wald, in ein anderes Land, in eine lichtere Wohnung, in eine größere Wohnung oder vielleicht auch in eine kleinere. Mit den Emotionen im Gepäck wirst du anfangen, dich besser um dich und deinen Lebensweg zu kümmern, weil du fühlst, was dir gut tut und was nicht. Wir kommen immer mehr bei uns an.

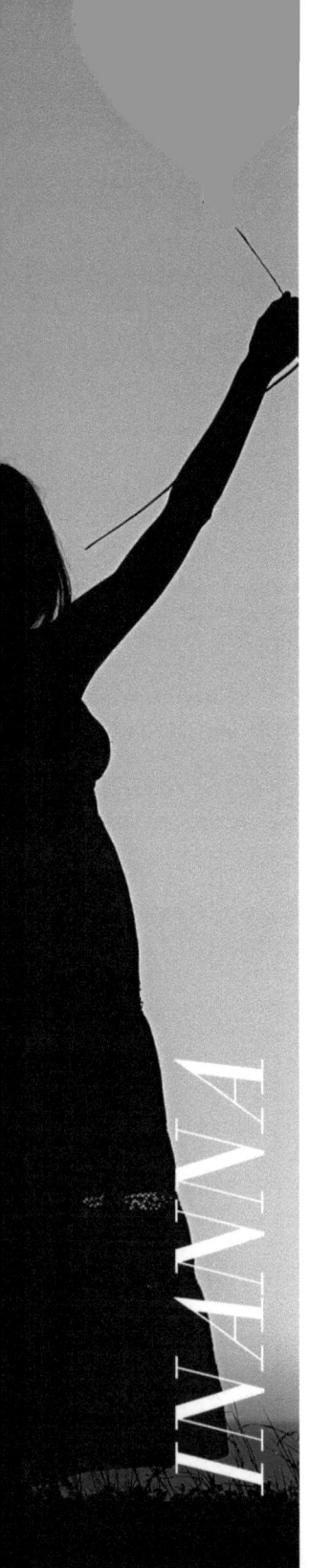

DIE WEIGERUNG, WIRKLICH ZU FÜHLEN

Welche Gefühle versuchst du zu verdrängen?

Warum? Was könnten diese Gefühle anrichten?

Wo handelst du wider deine Gefühle?

Was macht dir in Bezug auf "Gefühle" am meisten Angst?

INANNA
HERZENSTAG

Heute ist auf unserem Inanna Weg „Herzenstag". Es geht darum, dass du ganz bewusst in dich hineinfühlst und nachspürst, welche Emotionen in dir sind.

Ist es Trauer? Wut? Freude? Sehnsucht? Lust?

In welchem emotionalen Fluss befindest du dich gerade? Fühle in dich hinein. Und dann darfst du dich fragen: Möchte ich das jetzt fühlen und ausleben?

Wenn du traurig bist, möchtest du vielleicht jetzt einfach weinen, um dir Erleichterung zu verschaffen.

Wenn du wütend bist, dann möchtest du jetzt vielleicht auf einen Boxsack einschlagen oder ins Fitness Center gehen, um dir Luft zu machen?

Wenn du Lust hast, möchtest du vielleicht eine schöne Zeit mit dir selbst oder deinem Partner verbringen?

Wenn du glücklich bist, möchtest du vielleicht hinausgehen und die Welt umarmen.

Was möchtest du jetzt machen?

Vielleicht möchtest du auch gar nichts machen, sondern einfach nur sein und fühlen.

Aber das lässt sich nur herausfinden, wenn du bereit bist, dir die Zeit für dich zu nehmen.

Wenn du dir die Zeit nimmst, um in Ruhe in dich hineinzuspüren und zu fühlen, dann finde Antworten auf die Fragen:
Was ist jetzt in dir?
Wie möchte es sich ausdrücken?
Herzenstag bedeutet nicht, dass immer alles leicht und
flockig ist. Es kann auch sein, dass man einfach nur mal
weinen möchte und dann geht es einem besser.
Dass man mal hinaus muss in die Natur, um so richtig zu
schreien und dann geht es einem besser.
Dass man ein heißes Wannenbad nehmen möchte, um
loslassen zu können.
ABER Herzenstage laden dich ein, dich selbst wichtig zu
nehmen. Dich um dich selbst gut zu kümmern und
Ausdrucksmöglichkeiten für alle die wundervollen dunklen
und hellen Gefühle zu finden: malen, singen, tanzen, träumen,
genießen, quatschen, rätseln, verbinden, stricken, lesen,
schauen, hören, spüren.
Du darfst emotional sein, dich selbst fühlen und deine
Gefühle zu dir sprechen lassen.
Und mit der Zeit wird jeder Tag ein Herzenstag und dann wird
jede Stunde eine Herzensstunde und irgendwann wird jeder
Augenblick ein Augenblick des Herzens, deines Herzens.
Welches schlägt für dich dein ganzes Leben lang.

HERZENSTAG

Wie geht es dir damit, bewusst einen Herzenstag zu machen?

Was war schwer am Herzenstag?

Was war leicht am Herzenstag?

Was brauchst du, um dir mehr Gefühlstfreiraum zu erlauben?

MEIN BEFREITES HERZS

CREATIVE ART PAGE

Tor 5
Das
Spiel der
Masken

Am fünften Tor wird es meistens haarig für uns, denn hier begegnen wir uns in einem Hologramm selbst. Wir stehen uns selbst gegenüber und sehen uns so, wie wir uns wahrnehmen. Wie in einem Spiegel betrachten wir meistens in erster Linie erstmal die Äußerlichkeiten. Und auch hier sehen wir zunächst häufig das, was uns nicht an uns und unserem Äußeren gefällt. Vielleicht finden wir uns zu dick, zu dünn, zu schwabbelig, zu klein, zu groß, zu grau, zu faltig, zu breit, usw.

Tausend Möglichkeiten, an denen wir feststellen können, dass unser Körper rein optisch gesehen irgendwie nicht perfekt zu sein scheint. Wer von uns hat gelernt, in den Spiegel zu schauen und hinter die Fassade zu gucken? Wer schaut in den Spiegel und sagt: „Oh, ich sehe eine Frau, die viele Hürden im Leben genommen hat!" oder „Ich sehe eine Frau, die Schmerz überwunden hat!", „Ich sehe eine

Frau, die unglaublich feinfühlig ist!", „Ich sehe eine Frau, die weiß, was sie will"! usw.

Häufig gehen wir erstmal in das Spiel der Äußerlichkeiten und dieses Spiel kann so „fesselnd" sein, dass es unser ganzes Leben bestimmt. Wie viele Frauen, die ein Leben lang mit ihrer Figur kämpfen, darum, Gewicht zu verlieren, darum, faltenfrei zu bleiben, darum, irgendwie einem äußerlichen Schönheitsideal zu entsprechen.

Sich aus diesem Spiel zu befreien, ist schon eine Meisteraufgabe. Doch Ereschkidal fordert uns auf, hinter die äußere Fassade zu blicken. Denn nur dort werden wir an den Strom der urweiblichen Kraft kommen. Die Kraft, die jenseits aller Äußerlichkeiten liegt. Eine Kraft, die eine jede von uns voll und ganz ergreifen kann. Eine Kraft, die nicht danach bewertet, welches Gewicht du auf die Waage bringst, welche Farbe deine Haare haben, wie viele Falten dein Gesicht zieren, wie viele Narben dein Körper hat, wie viele Rundungen du hast.

Who am I ?

FÜHLE DEIN FREIES HERZ

Dein Aussehen ist der urweiblichen Energie und Kraft völlig gleichgültig. In ihren Armen ist jede Frau willkommen. Denn hinter allen Fassaden ist jede Frau schön. Einzigartig in ihrem Sein. Einzigartig in dem, was sie in die Welt gebären kann. Diese weibliche Kraft heißt dich willkommen und speist dich, wie du in den folgenden Toren feststellen wirst. Jedoch nur, wenn du bereit bist, das Spiel der Äußerlichkeiten hinter dir zu lassen. Damit ist nicht gemeint, dass du nicht auf dein Äußeres zu achten brauchst. Nein, du darfst dich darum kümmern, so viel du magst. Deine Haare färben, oder nicht. Botox spritzen, oder nicht. Make up auflegen, oder nicht. Du bist völlig frei, was du äußerlich mit dir machen möchtest oder eben nicht machen möchtest. ABER wichtig ist zu erkennen: Die wahre Stärke, die wahre weibliche Kraft liegt hinter diesen Äußerlichkeiten. Und jede kann sie nehmen, dick, dünn, groß, klein, braungebrannt oder weiß, faltig oder glatt. Einfach jede. Daher gibt es auch

hier wieder nichts zu richten. Wenn jemand sich operieren lassen möchte, dann bitte. Wenn jemand sich Fett absaugen möchte, dann bitte. Wenn jemand ungeschminkt durch die Welt geht, dann bitte. Aber hör auf, die anderen dafür zu verurteilen, wenn sie einen anderen Weg gehen als du. Und hör auf, dich in Bewertungen zu vergleichen. Es macht keinen Sinn. Es wird immer eine Frau geben, die schlanker ist als du und die dicker ist als du. Es wird immer eine Frau geben, die optisch gesehen schöner ist als du oder häßlicher ist als du. Jünger oder älter aussieht, größer oder kleiner ist. So lange wir Frauen uns gegenseitig tangieren, bewerten, verurteilen, verschwenden wir die unglaubliche weibliche Kraft und vor allem die weibliche Gemeinschaftsenergie an Äußerlichkeiten, die uns nirgendwo hinführen. Ja, die andere Frau ist dünner, schöner, jünger, größer. Und? Was sagt es über dich aus? Was sagt es über die andere Frau aus? Eigentlich gar nichts. Denn das, was zählt, ist die Frau hinter der Fassade. Hinter all den äußerlichen Spielchen.

AUTHENTIZITÄT FÄNGT BEI DIR SELBST AN

DU BIST SO VIEL MEHR ALS DEIN SPIEGELBILD

Wenn man all diese Äußerlichkeiten fallen lässt, dann kann man anfangen, sich wahrhaft zu lieben, so wie man ist. Dann kann man anfangen, wirklich an sich und der urweibliche Kraft zu arbeiten, mit all ihrer Schönheit. Dann kannst du anfangen zu erkennen, wie schön, wirklich wie wunderschön und einzigartig eine jede von uns ist. Dann kannst du hinter den Spiegel schauen und erkennen: Eine jede von uns ist schon verletzt worden, eine jede von uns trägt Narben, eine jede von uns ist wieder aufgestanden, eine jede von uns versucht, das Beste aus ihrem Leben zu machen, eine jede von uns sehnt sich nach Liebe, sehnt sich nach Erfüllung, sehnt sich nach einem glücklichen Leben. Und wie schön ist es, wenn wir im Strom der urweiblichen Energie uns hier gegenseitig unterstützen können und dürfen. Wenn wir nicht mehr vergleichen, um zu einem Urteils- und Richterspruch zu kommen. Wenn wir anfangen, uns in diesem urweiblichen Strom zu verbinden, um die wahre weibliche Kraft wieder zum Leben zu erwecken, jenseits der Äußerlichkeiten.

Dann können wir einer jeden Frau ihr Glück gönnen. Dann können wir ihr gönnen, dass sie optisch schön aussieht, dass sie groß ist, dass sie talentiert ist, dass sie wunderbar ist. Wir können ihr das gönnen, denn wir können uns das selbst auch gönnen und die anderen Frauen gönnen uns das auch. Aus Mangel wird dann wahrhafte Fülle, aus dem Spiel der Äußerlichkeiten wahrhafte Verbundenheit zur Ur-Weiblichkeit. Ein wichtiges Tor, welches wir hier durchschreiten dürfen. Vielleicht wieder und wieder, immer mehr ein Stückchen Äußerlichkeiten ablegend, um uns vorzubereiten für den freien Flug des Phoenix. Um uns bereit zu machen, einzutauchen in den Strom der urweiblichen Kraft.

TOP 10

Das mag ich alles nicht

an mir

1

2

3

4

5

6

7

8

9

10

INANNA

TOP 10
Das mag ich alles
an mir

1

2

3

4

5

6

7

8

9

10

SICH SELBST MÖGEN

Was war leichter zu beantworten? Der Zettel mit "das mag ich NICHT an mir?" oder der Zettel mit "das mag ich an mir"?

Was oder warum war das leichter?

Wie ging es dir generell damit, dir selbst ehrlich gegenüberzustehen?

Welche Gefühle dir selbst gegenüber sind destruktiv? Welche sind konstruktiv?

Am fünften Tor legt Inanna ihre goldenen Armbänder und ihre schönen Ringe ab, um das Hologramm zu durchbrechen, damit sie auf die andere Seite gelangen kann. Wir werden uns diese Ringe und Armbänder unter mehreren Aspekten anschauen. Einmal als Bindungen, dann als Maskierung und zuletzt als Hindernis. Fangen wir mit den Bindungen an. Sicherlich kennst du das Gedicht aus Herr der Ringe: „Ein Ring sie zu knechten, sie ewig zu binden….". Kein Gegenstand symbolisiert so stark das Eingehen von Verbindungen wie ein Ring. Wir tauschen Ringe, wenn wir das Ehegelübde sprechen, um aufzuzeigen, dass wir uns nun miteinander verbinden -in guten, wie in schlechten Zeiten-, der Siegelring verpflichtet uns an unsere Ahnen, der Schulring/Collegering -in Amerika üblich- verbindet uns mit unserer Lehrstätte und häufig auch mit einer Bruderschaft.

Der Ring macht der Außenwelt klar, dass wir gebunden sind. Und gebunden bedeutet nicht frei. Verträge können uns binden, Schulden binden uns, Versprechen binden uns. Dies steht häufig der freien Entfaltung der Seele gegenüber. Damit wir uns hier nicht falsch verstehen: Es geht hier nicht darum, keine Beziehung zu haben. Beziehungen sind etwas Groß-artiges. In Beziehung, gleich welcher Art -partnerschaftlich, beruflich, freundschaftlich- können wir uns gegenseitig ein Stück oder das ganze Leben auf dem Entfaltungsweg begleiten. ABER: Echte Beziehungen lassen immer frei und unterstützen sich gegenseitig im Selbstfindungsprozess. Bindungen häufig eher nicht. Bindungen, wie Verträge und Gelübde, binden dich und wenn es schlecht läuft, engen sie dich ein und halten dich klein. Doch die wahren Urenergien, die weibliche, wie auch die männliche, wollen nicht eingeengt werden, nicht ausgebremst werden in ihrer freien Ausdruckskraft

VERBUNDEN ODER GEBUNDEN? DAS IST EIN UNTERSCHIED

Es geht dabei hierum, immer die Freie Wahl zu behalten. Die Freie Wahl, dem Partner treu zu sein, die Freie Wahl, wieviel Zeit ich einem anderen geben möchte, die Freie Wahl, was ich machen möchte. Auf der übernächsten Seite findest du ein Arbeitsblatt, auf dem ich dich einlade, in dich hineinzuspüren und deine Verbindungen zu finden, die dich einengen, wie z.B. ein Kreditvertrag, ein Schuldvertrag, ein Mietvertrag, ein Ehevertrag usw. Dann fühle in dich hinein, wie es dir mit diesen Verträgen und Bindungen geht. Nicht alles braucht über Bord geworfen zu werden. Aber es ist wichtig, Bewusstsein in unsere Bindungen zu bringen und auch zu erkennen, wo wir uns eventuell von unseren Verträgen und Bindungen einengen lassen, wo wir uns klein halten, um den Vertrag einzuhalten, um der Bindung gerecht zu werden. Und dann kannst du noch einen Schritt weitergehen und schauen, ob du es vielleicht wandeln kannst: aus einer Bindung eine Beziehung entstehen zu lassen, wie z.B. in einer Partnerschaft.

Ein Vertrag und ein Ehegelübde bringen dir noch lange keine Treue oder Liebe, eine echte Beziehung schon. Schaue dir dein Leben an, finde deine einengenden Bindungen, Verpflichtungen, Verträge, schreibe sie hinein in die Ringe. Fühle, wie es dir damit geht und dort, wo du dich eingeengt fühlst, fang an, Lösungen zu finden für eine positive Veränderung zum Guten.

Das muss nicht gleich und sofort passieren. Veränderungen dürfen auch langsam vonstatten gehen. Vielleicht dauert es länger, bis man einen einengenden Kreditvertrag endlich abbezahlt hat, aber zukünftig weißt du, dass du vielleicht keine Kreditverträge mehr abschließen wirst, einfach weil sie dich zu sehr in deinem freien Ausdruck binden. Danach folgt ein Arbeitsblatt, wo du in dich hineinspüren darfst, wo und wann und bei wem du Masken aufsetzt und dich nicht so zeigst, wie und wer du wahrhaftig bist.

WER BIST DU IN WIRKLICHKEIT?

WELCHE WUNDERVOLLE FRAU LEBT IN DIR, DER DU NOCH GAR KEINEN ECHTEN RAUM GEGEBEN HAST?

Auch hier wieder zur Klärung: Es spricht nichts dagegen, Masken aufzusetzen. Manchmal ist es notwendig, z.B. um sich selbst zu schützen oder einfach, weil es Spaß macht. Das ist in Ordnung. Aber manchmal vergessen wir, dass wir Masken aufgesetzt haben und verlieren uns im „aufgesetzten" Ich.

Es ist wichtig zu erkennen, wer man wahrhaftig ist und wann man eine Maske trägt. Denn letztendlich fordert uns Ereschkidal auf, zu unserer wahren weiblichen Urkraft zu kommen. Das funktioniert nicht mit einer Maske. Inanna wird niemals mit einer Maske das letztendliche Ziel, das Eintauchen in die Ur-Weiblichkeit, erlangen. Es gilt daher zu erkennen, mit welchen Masken man jetzt im Leben arbeitet, warum man das tut und vor allem, wie und wann man sie ablegen kann. Du bist der Herrscher über die Masken, nicht die Maske über dich. Das gilt es, bewusst zu erkennen und bewusst damit umzugehen.

CREATIVE ART PAGE

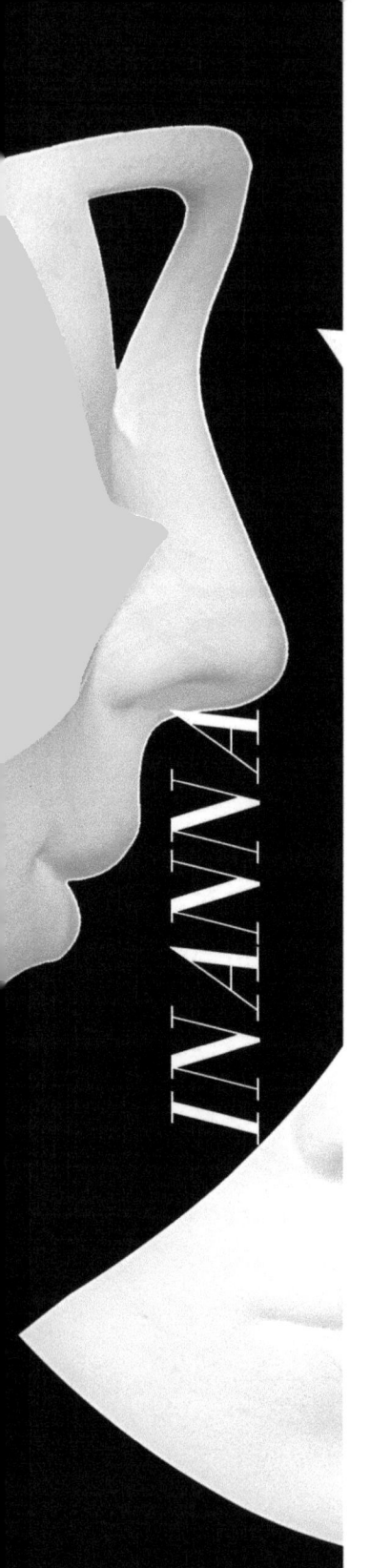

MEINE MASKEN

In diesen Situationen setze ich eine Maske auf!

So zeigen sich meine Masken!

Das tun meine Masken für mich:

Ohne Maske wäre ich.....

MEINE MASKEN
DIE GUTEN - WIE DIE
SCHLECHTEN

CREATIVE ART PAGE

TOR 5

DIE WELT FREI ERGREIFEN

Mit Händen und Armen, die voll beringt und voll behängt sind mit Bindungen, mit Eitelkeiten, mit Zierden usw. lässt sich schlecht Etwas aufbauen. Doch unsere Seele strebt danach zu erschaffen, das eigene Leben zu kreieren. Es geht darum, Etwas aufzubauen. Manchmal etwas für längerfristig, manchmal nur für einen kurzen Augenblick. Aber gleichgültig, was wir aufbauen wollen, es geht leichter, wenn Arme und Hände sich frei bewegen können. Wenn wir in der Lage sind, Ringe und Armbänder abzustreifen, weil wir jetzt tatkräftig anpacken wollen, und sie wieder anzulegen, wenn wir feiern und uns schmücken wollen.

Wieder geht es darum, bewusst mit den Gegebenheiten umzugehen, bewusst die Fähigkeit zu erlangen aufzubauen, anzupacken, das eigene Leben in die Hand zu nehmen, weil man es kann. Weil man sich frei bewegen kann. Dass man unabhängig ist, dass man nicht warten muss bis einer kommt und uns hilft, weil wir vor lauter Abhängigkeiten und Bindungen nicht mehr in der Lage sind, frei zu handeln. Auf dem nachfolgenden Arbeitsblatt lade ich dich ein in dich hinein-zufühlen, um herauszufinden, was du gerne aufbauen möchtest mit freien Händen und Armen.

Es gibt unendlich viel, was wir aufbauen können: eine gute Partnerschaft, gute Bezieh-ungen, ein Herzensprojekt, Mutter/Vater sein, eine Firma, eine Ausbildung, ein Hobby. Was möchtest du noch aufbauen in deinem Leben? Was schlummert in dir, was noch gar nicht gelebt wird, weil du dich selbst eingeengt hast? Was möchte sich noch entfalten und in seiner vollen Pracht zeigen? Viel Freude beim Entdecken und noch mehr Freude beim Anpacken und Umsetzen. Mach dein Leben großartig. Sei es dir selbst wert.

DAS BAUE ICH MIR MIT MEINEM FREIEN SEIN AUF:

CREATIVE ART PAGE

Tor 6
Sich
dem
Leben
hingeben

Fünf Tore haben wir durchschritten. Wir haben jeweils eines der Inanna-Attribute abgelegt und konnten danach durch ein Tor schreiten, um weiterzukommen.

Das sechste Tor ist ein besonderes Tor. Denn es ist jetzt kein Tor mehr, welches uns im Außen aufgezeigt wird, sondern wir selbst werden zum Tor. Um hier weiterzukommen, gilt es nicht, das Tor zu durchschreiten, sondern die Bereitschaft, dass wir als Tor durchschritten werden. Nicht wir dringen in das Leben ein, sondern das Leben dringt in uns ein.

Fünf Toren haben wir uns davor gestellt. Fünf Tore, die uns dabei unterstützen, uns eine Schöpfung zu kreieren, der wir vertrauen können. Unsere eigene Schöpfung, der wir uns bedingungslos hingeben können. Je bewusster wir unser Leben ergreifen, je bewusster wir uns über uns selbst werden und unsere Handlung verstehen, desto leichter fällt es uns, das, was zu uns kommt, auch einzulassen, aufzunehmen und in uns zu integrieren und gegebenenfalls zu wandeln. Und jetzt kommt vielleicht der Clou des Ganzen: Nur wenn du tatsächlich deine eigene innere Macht ergriffen hast, ist wahre Hingabe möglich. Die Macht, dass das Leben, unser eigenes Leben von uns erschaffen wird, gibt uns die Möglichkeit, aus sämtlichen Täter/Opfer-Spielen auszusteigen. Wir bestimmen darüber, was in ihm geschieht. Wir entscheiden, wann wir die Krone ablegen, wann wir in Demut in ein anderes Reich eintreten und wann es gilt, für unser Reich gerade zu stehen. Wir entscheiden, wann wir was wem sagen möchten und wie. Wir entscheiden, wie wir unserem Herzen Ausdruck verleihen möchten, was wir aufbauen möchten mit unsren eigenen Händen. Wir halten die Macht über unser Leben nicht nur in unseren Händen, sondern wir sind die Schöpfermacht selbst, ganz und gar.

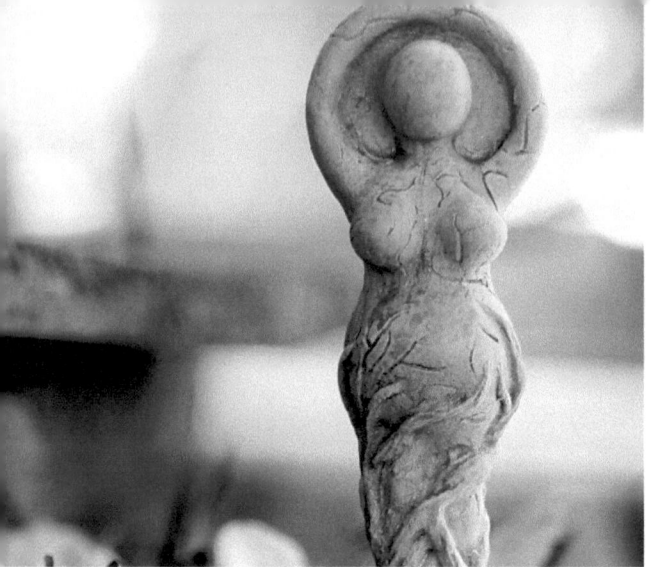

DIE SCHÖPFERMACHT IN UNS FINDEN UND LEBEN

Wir schöpfen und geben uns dann unserer Schöpfung hin. Unsere Schöpfung darf in uns eindringen, uns erfüllen und auch wieder aus uns heraustreten. Wie ein stetiger Fluss, ein stetiger Strom. Wir atmen unsere Schöpfung ein und wieder aus. Wir hören unsere Schöpfung, wir fühlen unsere Schöpfung und ja, manchmal gehen wir auch in eine sexuelle Verbindung mit unserer Schöpfung. Alles dient der Selbst-Erfahrung, der Selbst-Erkenntnis und letztendlich der Selbst-Erfüllung.

In der wahren Hingabe an unser Leben liegt die Erfüllung. Stell dir vor, du seist ein Teil eines Flusses. Mal fließt er sanft und ruhig, mal wird es wild und stürmisch, mal fällt er viele Meter hinab, mal fließt er bergauf, mal trägt er etwas mit sich, mal lässt er was zurück. Ein Fluss hätte nie Angst zu ertrinken, selbst im größten Strudel nicht, er hätte keine Angst hinunterzufallen, er hätte keine Furcht vor der Anstrengung, nun bergauf zu fließen, er nimmt mit, was

gerade in seinem Strom mitflie[ß] und lässt zurück, was nicht meh[r] mitfließen möchte. Der Fluss wir[d] darüber nicht entsetzt sein oder e[s] als Ballast empfinden. Der Fluss is[t] eins mit sich selbst. Er gibt sic[h] sich selbst hin.

Genau darum geht es in diese[m] Tor: Sich selbst dem eigenen Lebe[n] ganz und gar hingeben. Ein[s] werden mit sich selbst und de[r] eigenen Schöpferkraft.

Unsere Schöpfung darf in un[s] eindringen, darf uns erfüllen, da[rf] auch wieder austreten un[d] weiterziehen, Platz schaffen fü[r] Neues, was in uns eindringe[n] möchte. Und so fließen wir durc[h] unser eigenes Leben. Wir brauche[n] als Schöpfer keine Angst zu habe[n] vor dem, was eventuell un[d] vielleicht kommen mag. W[ir] brauchen keine Angst haben z[u] ertrinken oder zu fallen. Wir sin[d] unser Leben, wir werden dara[n] nicht ertrinken. Wir werden nur vo[n] ihm erfüllt.

DU
BIST
DAS
LEBEN

*MANCHMAL DÜRFEN WIR
EINFACH NOCH LERNEN,
UNSERE INNEREN JUWELN ANS
LICHT ZU HEBEN*

Die Forderung all der vorherigen Tore ist: Erschaffe dir ein Leben, welchem du dich voll und ganz hingeben kannst. Ja, auch wenn es mal wackelt, auch wenn Stürme aufziehen, auch wenn man mal wütend ist, weinen möchte, auch wenn Angst kommt, dass man es vielleicht nicht schafft. Ein Leben, DEIN Leben, welches nach dir ruft, welches von dir gelebt werden möchte, ganz und gar. Schicht für Schicht bauen wir in all den vorherigen Toren unsere Panzer, unsere Schutz-schilde, unseren schweren Ballast etc ab, um uns auf das, was jetzt kommt, vorzubereiten. Ein Tor zu werden für das eigene Leben, welches sich in uns ergießen möchte und aus uns herausfließen möchte. Wir sind ein Teil des großen Stroms. Ein Teil des großen Feuerstroms der Schöpfung, des Erschaffens, ja, des Gebärens. Wir nehmen auf, wir wandeln, wir transformieren, wir geben Schutz, Hülle und Gebor-genheit, wir erfüllen uns ganz damit, um es dann wieder hinaus in die Welt zu gebären, damit daraus etwas neues Großartiges entstehen kann. Wir sind im ewigen Strom des Aufnehmens, Gedeihens und Gebärens. Je mehr wir uns diesem Prozess ganz hingeben können, desto mehr kommen wir bei uns an, desto mehr sind wir eins mit uns, unseren Gaben und unserem Leben.

MEINE HINGABE

In welchen Bereichen deines Leben kannst du dich nicht gut hingeben?

Warum fällt es dir hier schwer, dich hinzugeben?

Wie müsste deine Schöpfung in diesem Bereich sein, damit du dich ihm hingeben kannst?

Welche Schritte gilt es, hierfür als nächstes zu machen?

MEINE HINGABE AN MEIN EIGENES LEBEN

CREATIVE ART PAGE

TOR 6

DAS ABLEGEN DES GOLDENEN GÜRTELS

Bevor wir zum sechsten Tor werden, legen wir als Inanna den goldenen Gürtel ab. Und ja, selbstverständlich diente er uns als Schutz, unser heiliges „Tor" der Empfängnis zu bewachen und darauf aufzupassen, dass besser hier nichts eindringt. Wir „panzern" uns zu, so denken wir, dass wir uns bewahren können vor Schmerz, vor Tränen, vor Verletzungen, vor Über-schreitungen unserer Grenzen. Ich frage dich: Wie gut hat das bisher in deinem Leben funktioniert? Ein aufgebauter Schutzwall - der symbolisch all die Inanna Attribute gezeigt hat- beschützt einen eben nicht vor all den Emotionen. Und warum nicht? Weil die Emotionen nicht von außen kommen, sondern von innen. Unser Herz wird getroffen, auch durch den schönsten goldenen Panzer, weil wir fühlende Wesen sind. Die Worte anderer Menschen treffen uns auch durch den stärksten Wall, den wir aufgebaut haben, weil wir hören und wieder fühlen.

Die Energie dringt in uns ein und solange wir versuchen, hier einen äußeren Schutzwall aufzubauen, befinden wir uns im Kampf. Solange wir uns im Kampf befinden, können wir uns nicht unserem eigenen Leben vollständig hingeben. Wir sind auf der Hut. Versuchen zu kontrollieren, uns, unser Leben und am besten das Verhalten der anderen Menschen gleich noch mit, damit nichts Unvorhergesehenes passiert und Wunden schlagen könnte, die wir vielleicht nicht verkraften könnten. Die letzten beiden Tore sind besonders. Im sechsten Tor wandeln wir uns und werden zum Tor, im siebten Tor wird es noch einen größeren Wandlungsprozess geben.

Es gilt zu verinnerlichen, dass wir immer Königin unseres Reiches sind, immer Königin unseres Lebens. Wir brauchen keine äußeren Attribute, um Königin zu sein. ABER es braucht die „königliche" Erfüllung von innen heraus, das, was ich Schöpfermacht nenne.

EINTAUCHEN IN DEN FLUSS DES EIGENEN LEBENS

Wenn du dich dem ganz hingeben kannst, deiner Schöpfermacht und deiner Schöpfung, dann hört das „Kontrollieren" auf. Es gibt nichts zu kontrollieren, denn du bist in jedem Moment du, voll und wahrhaftig.

Du bist erfüllt von dir selbst. Du brauchst niemanden mehr von außen, der dich erfüllt. Daher können Beziehungen dann auch ganz anders laufen, da sie nun nicht mehr auf Abhängigkeiten, Bedürfnis-Erfüllungen, und Manipulationsspielchen beruhen. Wenn du ganz erfüllt von dir bist, dann ist es auch möglich, den anderen Menschen tatsächlich so zu sehen, wie er ist, weil die Projektionen aufhören dürfen.

„Ich sehe dich!" bekommt eine neue Bedeutung und mit dem „Ich sehe dich!" hört es auch auf, dass wir dem anderen sagen wollen, was er zu tun und zu lassen hat. Wir haben mit der Schöpfung unseres eigenen Lebens genug zu tun, da brauchen wir uns nicht noch um die Reiche der anderen zu kümmern. Nicht um das Reich unserer Männer, unserer

erwachsenen Kinder. Ja selbst bei kleineren Kindern wird sich die Beziehung wandeln, weil wir die Größe der Seele auch schon in unseren kleinen Kindern erkennen und ehren können. Aber Achtung, ich spreche hier nicht von „antiautoritärer Erziehung".

Als Königin, die sich ihrer selbst bewusst ist und selbst erfüllend lebt, wirst du ganz genau äußern können, was du möchtest und was nicht. Du bist nun in der Lage, deine Grenzen wirklich und wahrhaftig zu schützen - ganz ohne Panzer und goldene Schutzschilde. Du magst nicht, wie dein Partner dich behandelt, du wirst es ansprechen und zu dir stehen. Du möchtest, dass deine Kinder, wenn sie klein sind, kein Chaos veranstalten. Du wirst es klar und deutlich signalisieren und kommunizieren ohne Gewalt, ohne Grenzüberschreitungen.

DU
BIST
FRIEDEN

*LEZTENDLICH GEHT ES IMMER
DARUM EINFACH WAHRHAFT
SEELE ZU SEIN*

Weil die gegenseitige Wahrnehmung sich wandelt und ja, auch wenn die anderen nicht so bei sich ankommen, wie du jetzt anfängst, bei dir anzukommen, werden Wandlungen stattfinden. Einfach schon deshalb, weil du dich nicht mehr verantwortlich für das Wohlsein der anderen fühlst. Achtung, wir sprechen hier wieder nicht von kleinen Kindern.

Die Mentalität „Ich tue doch alles für dich, jetzt musst du mich auch lieben!" kann dann zurückgelassen werden. Es kommt das Gefühl von „Ich bin frei und das ist mein Leben, meine Schöpfung". Vielleicht nicht sofort beim ersten Durchschreiten dieses Prozesses, aber mehr und mehr, wieder und wieder werden wir vor diesem Tor ankommen und unser wahres Königinsein ergreifen, unsere wahre Ur-Weiblichkeit. Denn hier ist sie und war die ganze Zeit da: die Ur-Weiblichkeit. Unser wahres Sein in diesem Leben, unsere Ideen, Träume, Hoffnungen, Visionen und ja letztendlich Ziele, die wir in die Erfüllung bringen möchten, die wir erfahren und leben möchten, um uns selbst kennen zu lernen, um uns selbst zu lieben und zu feiern für alles was wir sind. Es war und ist immer bei uns, ist immer da. In diesem Tor, beziehungsweise unsere Wandlung zum Tor selbst, welches erfüllt werden darf, welches hineinlässt und auch wieder freigibt, erfahren wir unsere Ur-Weiblichkeit. Hier hören die Spielchen von Neid, Missgunst, Zickereien und „meine Wahrheit ist die einzig wahre" auf. Im Einswerden mit uns selbst, werden wir auch eins mit der Ur-Weiblichkeit, werden wir eins mit dem Kreis der Frauen. Einzigartig und doch verbunden. Individuell und doch ein Teil einer großen energetischen Gemeinschaft. Erfüllt und gebend. Umhüllend und gebärend.

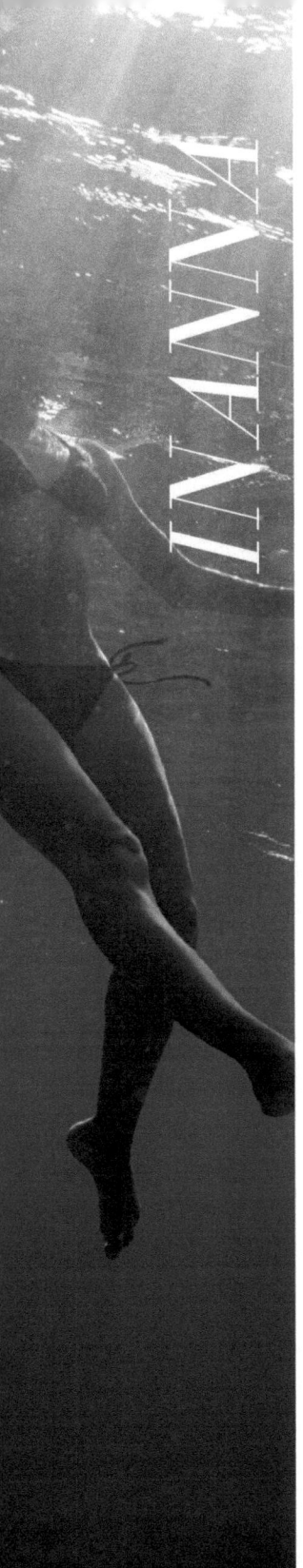

MEINE URWEIBLICHKEIT

Wem möchtest du gerne sagen, wie er/sie zu sein hat? Warum?

Wo fällt es dir schwer, Kontrolle abzugeben?

Wo fällt es dir schwer, Frieden zu fühlen?

Was ist deine größte Angst in diesem Leben?

MEINE
UR-WEIBLICHKEIT

CREATIVE ART PAGE

TOR 7

DER PHOENIX VERBRENNT

Im sechsten Tor durften wir erfahren, dass wir das Tor selbst sind. Wir sind das Tor zu unserem Leben und nur in der Hingabe zu unserem Leben werden wir erfüllt. Hier an der Schwelle zwischen dem sechsten und dem siebten Tor kommen wir zu einer urweiblichen Qualität, die uns allen Frauen zusteht: Wir können das Leben in uns aufnehmen, ganz aufnehmen und in uns behalten, bis die Zeit gekommen ist, es hinaus in die Welt zu entlassen. In dem Moment, wo wir es hinauslassen, sind wir nicht mehr die, die wir waren, bevor wir das Leben in uns aufgenommen haben.

Ja, du kannst es sehr gut mit dem Prozess einer Schwangerschaft vergleichen. Wir nehmen den Impuls des Lebens (das Sperma) in uns auf, das Leben darf in uns heranwachsen und wenn die Zeit gekommen ist, gebären wir neues Leben. Wir sind dann Mutter dieses neuen Lebens. In diesem Vergleich ist es gleichgültig, ob es sich jetzt auch tatsächlich um eine echte Geburt handelt, oder eben auch Geburten von Ideen, Visionen, Träumen, Wünschen und Hoffnung.

Der Strom der Lava, wie wir es im sechsten Tor erfahren durften, dringt in uns ein, füllt uns aus, durchfließt uns. Wir tragen ihn in uns. Wenn die Zeit gekommen ist, lassen wir diesen Strom wieder aus uns heraus, gewandelt, von uns im Inneren geformt und im Moment der Geburt passiert die Wandlung. Das Feuer, das Licht strömt aus uns heraus und unser Altes Ich verbrennt, um Platz zu schaffen für unser neues Sein. Für unser neues Licht, welches wir jetzt geboren haben. Wir tauchen hier ein in den Phoenix-Prozess. Dem ewigen Prozess von SEIN – GEBURT- VERBRENNEN – SEIN- GEBURT-VERBRENNEN.

Keinen Grund, sich minderwertig zu fühlen. Keinen Grund, neidisch oder missgünstig zu sein. Denn eine jede von uns besitzt diese Schöpferkraft und die Macht, daraus Großartiges entstehen zu lassen.

WAS WILLST DU SCHÖPFEN? WAS WILLST DU SEIN? WER WILLST DU SEIN?

Die Zeit ist gekommen, diese MACHT wirklich wieder zu ergreifen und Gutes und Schönes daraus zu machen. Für dich, immer nur für dich. Aber das Licht, welches du dadurch in die Welt trägst, wird alle bereichern, die mit dir in Berührung kommen. Wunderbar und schön.

Du bist die Mutter deiner Schöpfung. Sei die Gute Mutter, die du immer haben wolltest. Sei die Liebhaberin deines eigenen Lebens. Sei die Geliebte deines Lebens. Sei das verrückte Kind deines Lebens. Sei die beste Freundin. Sei alles, was du dir wünschst von anderen. Du kannst das alles selbst sein, für dich und für dein Leben. Schritt für Schritt.

DU TRÄGST DIE KRAFT DER GEBURT IMMER IN DIR!

Mit jedem durchlaufenen Phoenix-Prozess ergreifen wir uns selbst und unsere Ur-Weiblichkeit ein Stückchen mehr, gelangen wir ein Stückchen mehr zu unserem wahrhaften Kern und strahlen ihn schöner und machtvoller nach außen denn je. Mit jedem Prozess ergreifen wir mehr und mehr unsere ureigene Kraft und schöpfen die Welt und alles, was darin ist.

Wir Frauen gebären das Leben, wir Frauen gebären uns selbst als Leben. Wir schöpfen. Das ist unser GEBURTSRECHT. Das ist unsere wahre MACHT. Hier liegt unsere wahre Kraft verborgen.

Schöpfe, wieder und wieder. Solange bis du dich vollständig erfüllt fühlst und dann verbrenne und dann sei und dann schöpfe und dann verbrenne. Wieder und wieder verbrennen wir, um neu daraus hervorzugehen, noch schöner, noch machtvoller, noch schöpfender. Wir sind Phoenix selbst.

Ist das nicht wunderschön? Es gibt keinen Grund, sich klein zu fühlen.

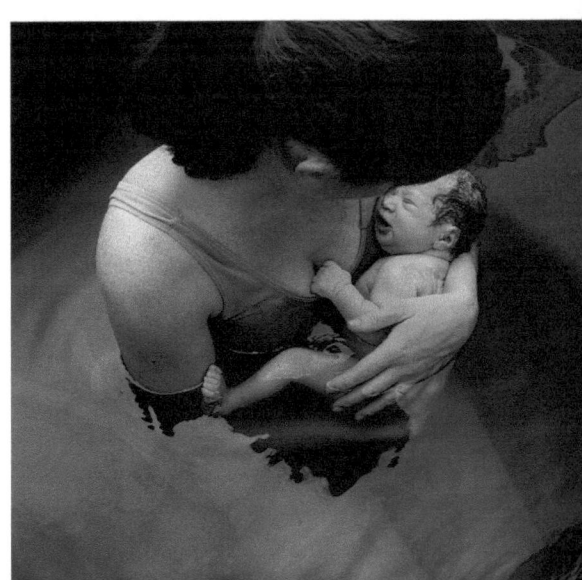

DU BIST DIE SCHÖPFENDE DEINES LEBENS

NICHTS MUSS - ABER ALLES KANN - DU ENTSCHEIDEST

Nichts muss auf einmal passieren. Schritt für Schritt. Sterben- Werden- Sein- Sterben- -Neu-Auferstehen, wieder ein Stückchen mehr du selbst, leben, um wieder zu sterben, um neu auferstehen zu können. Das ist unsere urweibliche Macht und Kraft und sie ist so unglaublich fantastisch. Halte diese Gabe in Ehren, demutsvoll und weise. Die Zeit ist zu kostbar, um sich selbst klein zu machen, sich diese Macht aus der Hand nehmen zu lassen und sie zu vergeuden in Drama, Abhängigkeiten und Manipulationsspielchen.

Du bist der Phoenix. Das siebte Tor offenbart dir dieses Geheimnis, welches kein Geheimnis ist, aber immer wieder in die Vergessenheit gerät. Du gebierst dich selbst und das Leben. Es liegt in deiner befreiten Vorstellungskraft, aus diesem Geschenk das Beste zu machen. Es gibt nichts zu warten, nichts muss vorher noch passieren. Nicht der richtige Partner muss da sein, der richtige Job, das richtige Zuhause, die richtige Berufung. Nichts davon. Dieser Moment ist der Moment, der zählt. Schöpfe und erschaffe dir selbst die wundervolle Beziehung, die einzigartige Berufung, das erfüllte Zuhause. Es liegt in deiner Hand, in deiner Schöpferkraft, in deiner urweiblichen Magie.

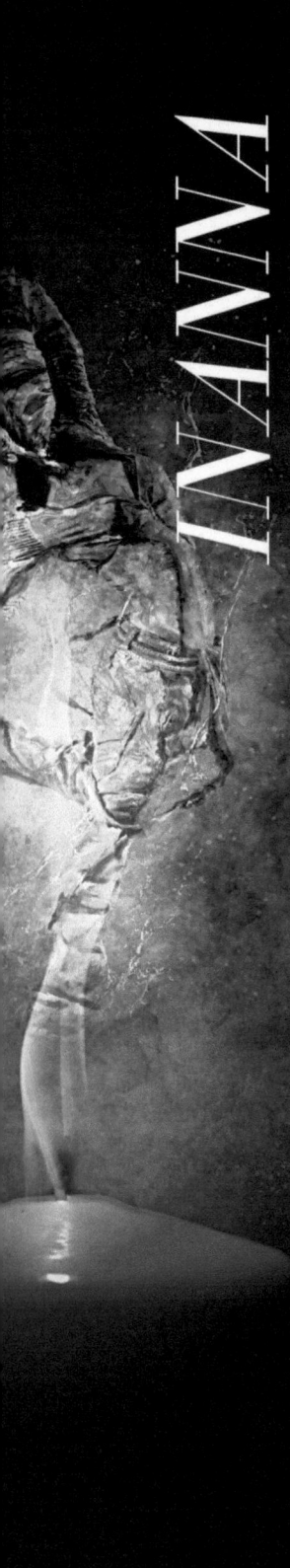

PHOENIX

Wer möchtest du gerne sein – jetzt in deinem Leben?

Was möchtest du gerne erreichen – jetzt in deinem Leben?

Wie möchtest du dich fühlen – jetzt in deinem Leben?

Was wirst du jetzt schöpfen, um deine obigen Wünsche zu erreichen?

MEINE
NEUGEBURT

Ich bin die Schöpferin meiner Realität. Ich schöpfe für mich und die Welt stets das Beste

Das siebte Tor ist eine Einladung, endlich wieder frei und unbeherrschbar zu sein bzw.zu werden.

Auf unserem Weg haben wir als Inanna nach und nach all die aufgesetzten Attribute abgelegt. Wir haben uns sozusagen selbst befreit aus der Last und dem Druck "wie wir als Frau zu sein haben".

Das siebte Tor ist als letztes Tor die Einladung herauszufinden, wer du nun frei und unbeherrscht vom Status Quo sein möchtest.

Das ganze Spektrum steht dir nun zur Verfügung, wo das enge Korsett, die schwere Krone, all der Klimbim, mit dem wir behangen waren, endlich von uns gewichen ist.

Nackt wie ein Neugeborenes stehen wir nun, nachdem wir das siebte Tor durchschritten haben, vor unserer Welt. Wie möchten wir diese Welt nun erfahren?

Das siebte Tor bringt uns neben der Freiheit auch die Verantwortung. Die Verantwortung für uns selbst. Niemand ist mehr da, der uns sagt, was wir tun sollen, wie wir sein sollen, wie wir uns benehmen sollen.

Die Entscheidungen - jede einzelne- über unser Sein und unser Leben liegen wieder in unserern eigenen Händen und wir sind machtvoll genug, diese Verantwortung nun auch tragen zu können.

Die Illusion eines Prinzen, der vorbeigeritten kommt, um uns zu erretten, hat sich aufgelöst. Wir brauchen ihn nun nicht mehr.

Eine erwachte Inanna Eingeweihte braucht niemanden mehr, um zu überleben. Sie geht nur noch Verbindungen ein aus freiwilliger Liebe und nicht aus einem Gefühl des Müssens.

Sie ist unabhängig und in der Lage, stets für sich selbst die "Gute Mutter" zu sein.

DIE ZEIT DES KÄMPFENS IST VORÜBER

Mit dieser Freiheit kommt noch ein anderer Pluspunkt: das Kämpfen ist vorüber. Wir brauchen nicht mehr zu kämpfen, um gesehen zu werden, um zu überleben, um nicht unterzugehen.

Im siebten Tor tauchen wir ein in den Strom unserer eigenen Seelenqualität. Wir folgen unserem eigenen Strom des Lebens.

Das bringt eine tiefgreifende Wandlung mit sich. Denn in deinem eigenen Strom bist du immer sicher. Hier kann dir nichts passieren, was du nicht möchtest. Am Ende unseres Inanna-Wegs begegnet uns endlich unsere Schwester Ereschkidal und wir erkennen, dass wir eins sind. Dass sie schon immer in uns gelebt hat und nur darauf wartete, dass wir zu ihr finden.

Sie verkörpert die Ur-Weiblichkeit, gepaart mit Freiheit, Selbst-Bestimmung und Unbeherrschtheit.

Sie herrscht über sich selbst. Kein anderer herrscht über sie.

Nachdem wir das siebte Tor durchschritten haben, nimmt sie uns in ihre Arme. Wir gehören nun zum Kreis der Eingeweihten.

Wir sind gleich. Niemand ist hier besser, schöner, weiter. Eine jede ist einzigartig in ihrer Art und Weise zu schöpfen.

Eine jede hat eine andere Vorstellung davon, was ein "Gutes Leben" ist - aber wir gönnen einer jeden ihren Erfolg, ihr Glück, ihre Liebe.

Ereschkidal nimmt uns auf in den Kreis der Schwestern. Wir müssen nicht mehr gegeneinander kämpfen und auch nicht mehr gegen uns selbst, um eine Frau zu sein, die wir eigentlich gar nicht sind, die aber das Außen uns verkaufen möchte, die wir sein sollten.

Das Spiel der anderen über uns ist vorbei. Wir entscheiden über das Spiel, welches wir für unser Leben spielen.

Das Schöne an Ereschkidal, sie richtet nicht. Über niemanden. Sie richtet nicht darüber, wer wir einst waren, wer wir jetzt sind oder wer wir zukünftig sein möchten.

Sie kennt die Wege, die Abgründe, die Verlockungen und Versprechungen. Sie hat Geduld. Sie wartet, bis eine jede Frau ihren Weg zurück zu ihr gefunden hat, um in ihrer ureigenen Weiblichkeit zu erstrahlen.

DU BIST
IN JEDEM
AUGENBLICK
DEINES LEBENS
FREI

- ALLE VERSTRICKUNGEN SIND NUR ILLUSION.

Ereschkidal weiß, dass wir den Inanna-Weg wieder und wieder gehen werden, um uns selbst zu finden, Stückchen für Stückchen.

Das Leben selbst ist unser Lehrmeister. An unserer eigenen Schöpfung können wir erkennen, welches Tor wieder einmal Aufmerksamkeit erfordert von uns.

Doch mit der Zeit wird uns die Welt von Ereschkidal vertrauter. Wir kennen den Weg, wir kennen die Tore und irgendwann werden wir, so wie Ereschkidal, Meisterin über diese Unterwelt, die nichts anderes ist als das wärmende, schützende Reich unserer eigenen Ur-Weiblichkeit.

Hier liegt unsere wahre Magie verborgen, unsere wahre Macht, unser wahres weibliches Sein.

Hier gibt es keine Unterdrückung mehr, kein Verstecken, Sich-Klein-Machen, Hinten-Anstellen oder Zufriedengeben.

Hier finden wir heraus, wie unfassbar stark, fähig, talentiert und schön wir wirklich sind.

Unser Leben liegt nun in unseren Händen wie ein wundersamer Samen. Es liegt nun an uns, ihm alles zu geben, damit er gedeihen kann. Wir entscheiden, was aus ihm werden soll.

Alles ist möglich - was wählst du nun aus all diesen Möglichkeiten aus?

MEIN
NEUES
ICH

CREATIVE ART PAGE

Der Aufstieg

DER AUFSTIEG

Inanna ist die Reise als "Luft-Schloss-Königin" angetreten. Die Krone war "aufgesetzt", all der Tand nur schöner Schein.

Nachdem Inanna bzw. wir die Reise zu unserer Schwester Ereschkidal erfolgreich gemeistert und uns mit ihr verbunden haben, tauchen wir wieder auf aus der Unterwelt. Aus der Welt der Schatten und der Selbst-Erkenntnis.

Die Sonne, aber vor allem die Erde, hat uns wieder. Das Leben im Luftschloss ist vorbei. Dort wo es kein Fundament für uns gibt, können wir nichts aufbauen, nichts auf Nachhaltigkeit erschaffen.

Wir sind auf der Erde angekommen und innerlich wahrhaft königlich.

Der Schein ist gegangen, die Authentizität hat Einzug gehalten.

Wir, als Inanna, kennen nun das Spiel der Masken, der Manipulation. Wir kennen den Goldenen Käfig und wir kennen, zumindest anfänglich, die Kraft unserer wahren weiblichen Ur-Qualität.

Unsere Reise ist nicht vorbei. Sie geht weiter. Wieder und wieder werden wir Ereschkidal in ihrem Schattenreich besuchen, um immer vollständiger zu werden. Um uns selbst immer mehr in unserer Weiblichkeit zu ergreifen.

Jedes Mal bringen wir ein neues Juwel der Seele aus der Unterwelt mit, welches unser Leben auf Erden noch schöner und erfüllender macht.

Der Einweihungsweg der Inanna ist ein Prozess, der sich spiralförmig nach oben schlängelt.

Die Kraft der Weiblichkeit ist der stetige Wandel.

Ich wünsche dir von Herzen das schönste Leben, welches du dir vorstellen kannst.

Danke für dein Vertrauen, mit mir in den Inanna Prozess einzutauchen.

Herzensgrüße, deine Jennifer

www.urvertrauen.de

SEELEN
SPRAY

Inanna

GÖTTINNEN REIHE

Ich lebe
meine
Ur-Weiblichkeit

GÖTTINNEN REIHE
INANNA

EINZIGARTIGE UR-WEIBLICHKEIT

ÜBERSICHT

Die Einladung, dich endlich zu lösen von den gängigen Meinungen, wie man als Frau ist oder zu sein hat, und dich auf deinen ganz eigenen individuelle Weg der Weiblichkeitsentfaltung zu begeben

ALLGEMEIN

Farbe

grün-olive

Duft

frisch, klar, umhüllend
Vanille, Muskatellersalbei u.a.

Reihe
Göttinnen Reihe

STICHWÖRTER

- weibliche Individualität
- Aussteigen aus dem Luftschloss und Prinzessinnen Spiel
- weiblich unbeherrscht und frei
- die weibliche Seite leben

ANZEICHEN

- nicht wissen wer man/frau eigentlich ist
- nicht mehr den anderen gefallen wollen, sondern sich selbst
- Suche nach der wahren Individualität
- Sehnsucht, die eigene Weiblichkeit frei zu leben

HINWEIS

Das Spray lädt dich ein, deine Weiblichkeit jenseits der gängigen Norm zu betrachten. Was bedeutet für dich Weiblichkeit, wie möchtest du sie leben? Aus Mustern aussteigen, aus dem Patriarchat aussteigen und ein Leben aufbauen in dem du deine Weiblichkeit wertschätzt und feiern kannst

ANWENDUNG

- um die eigene Weiblichkeit zu feiern
- aus der Weiblichkeit heraus leben
- weibliche Stärken erfolgreich leben
- Schluss mit Masken, Verrenkungen und "so ist man aber, als Frau" Spielchen

SEELENFRAGEN

- Wie möchtest du Weiblichkeit leben?
- Was bedeutet für dich Weiblichkeit?
- Wie kannst du deine Weiblichkeit ehren?
- Wie kannst du deine Weiblichkeit feiern?

AFFIRMATIONEN

Ich bin frei zu wählen, wie ich meine Weiblichkeit in die Welt bringen möchte

Ich bin ich frei, unbeherrscht und weiblich schön

Online Seelen-Reise: Der weibliche Einweihungsprozess

inkl. Erschaffen deines eigenen weiblichen Tarot-Decks

- für einen kleinen Unterstützungsbeitrag erhältst du
- 22 weibliche Einweihungsschritte mit vielen Videos und pdfs zum Downloaden
- Tutorials zum Erstellen deines eigenen weiblichen Tarot-Decks
- geführte Traumreisen und mehr

Mehr Infos unter
www.patreon.com/soulsis
Deine Welt der Seelen-Einweihung

NUR MTL
7,77 €

Kleine Seelen-Inspirationen

Für dich selbst und deine
Lieblingsmenschen
Seelen Bücher von Jennifer Weidmann
auf www.urvertrauen.de / amazon /bod
und in allen Buchhandlungen

INTUITION

Habe ich schon	Brauche ich noch für mich	Verschenke ich an

SELBST AUFMERKSAMKEIT

Habe ich schon	Brauche ich noch für mich	Verschenke ich an

SELBST BEWUSSTSEIN

Habe ich schon	Brauche ich noch für mich	Verschenke ich an

PHOENIX PROZESS

Habe ich schon	Brauche ich noch für mich	Verschenke ich an

SELBST

Habe ich schon	Brauche ich noch für mich	Verschenke ich an